U0908617

中国民居之美

中国建筑设计研究院建筑历史研究所
孙大章　著

中国建筑工业出版社

图书在版编目（CIP）数据

中国民居之美/孙大章著．—北京：中国建筑工业出版社，2010.11

ISBN 978-7-112-12452-7

Ⅰ.①中… Ⅱ.①孙… Ⅲ.①民居－建筑艺术－中国 Ⅳ.①TU241.5

中国版本图书馆CIP数据核字（2010）第180763号

责任编辑：王莉慧　刘　静
版式设计：王莉慧　嘉泰利德
责任设计：董建平
责任校对：马　赛　刘　钰

中国民居之美
孙大章　著
*
中国建筑工业出版社出版、发行（北京西郊百万庄）
各地新华书店、建筑书店经销
北京嘉泰利德公司制版
北京画中画印刷有限公司印刷
*
开本：880×1230毫米　1/16　印张：30½　字数：976千字
2011年1月第一版　2011年1月第一次印刷
定价：256.00元
ISBN 978-7-112-12452-7
(19711)

序

综观世界各国的传统民居，以中国所保存的类型及实例最为丰富，中国传统民居是我国古代建筑中一份宝贵的遗产，近年来已经得到社会各界的广泛关注。对比以前的状况，传统民居的保护力度亦有所加强。但在当前社会经济高速发展，生活条件逐步改善，城乡建筑改造加快的严峻形势下，对民居的研究与保护尚应进一步加强，以期这朵民族建筑之花能开得更艳丽夺目，更有力地启发人民的睿智，永远为广大的人民所欣赏。中国民居的丰富性，是由我国国情决定的。中国有着五千年的文明史，历代人民为解决居住问题，作过多样性的选择，探索过不同的方式，并不断改进与提高，历史痕迹明晰可见，此其一。中国国土幅员广大，境内有高山峻岭、广阔平原、无垠草原、河网水乡、黄土高原、茂密森林，这些不但为人们提供了多样的地方建筑材料，同时也决定了民居建造的不同的基址选择条件。因地制宜、因材致用成为中国民居的基本准则（国外也是这样，但在多样性上不如中国丰富）。同时中国域内的气候差异很大，占据了亚寒带、温带、亚热带三个气候带，平均气温包括从 −30℃ 至 30℃ 广阔的范围，至于极端的高温达 44℃。同时由于地形及区位的关系，各地的日照时数、降水量、风速等亦有很大的不同，这些条件皆是影响民居形制的重要因素，甚至是决定性的因素，此其二。中国是个多民族的国家，除了主体民族以外，尚包括有蒙古、藏、回等 55 个兄弟民族。各民族皆有自己的文化传统与生活习惯，反映在居住用房上亦各具特色，此其三。中国各地居民的生产方式、生活方式不同，虽然都以农业为主，但尚有牧业、渔业、狩猎业、养殖业、手工业、运输业（水运、陆运）等不同的行业，他们的居住形制与其生产方式必须契合，因此也会产生不同的民居类型。同时居民的社会地位不同，区分出官宦人家、富商、地主、文人、头人、移民等，自然其居屋亦各有特点，此其四。还有，中国古代社会发展不平衡，虽然有的地区已进入初级资本主义萌芽阶段，可有些交通不便、生产方式落后的地区尚处在奴隶制社会阶段，甚至是原始母系社会阶段，自然地造成民居形制的巨大差别，此其五。当然，还会有一些东方的地域性的社会、人文因素，影响到民居形制，在此不一一列举。总之，中国民居建筑的丰富性是世界公认的，不仅是中国人民的文化财富，也是世界民居建筑中极为重要的组成部分。

在中国古代建筑类型史研究中，过去受建筑艺术理论思想的束缚，大多偏重在大型的、艺术性较高的建筑类型上，如宫殿、寺观、陵墓、坛庙、园林等，对民居的研究是近二三十年间才兴起的，并取得了一批有价值的成果。虽然从艺术性（狭义的艺术概念，认为艺术是反映人们精神生活、思想追求的产品）的角度来看，民居不能说有什么深刻的艺术内涵。但是从建筑是解决人们最基本生活需求——居住的物质产品角度来看，它又是最能反映建筑本质含义的建筑类型，是一切建筑类型派生的源头。在它身上清晰地毫无掩饰地反映出实用、经济、美观的建筑设计三原则。若想深入了解一个民族、一个国家的建筑文化，必须了解它的民居建筑。因此，研究建筑史不仅要记录那些不朽的艺术建筑，还必须充分阐明广大的民居建筑的历史及特点，这样才能完整地解释建筑历史的发展演变。

目前对中国民居的研究已展现出多元化的倾向，并从不同的专业角度来审视传统民居，包括有社会学、人文学、旅游学、民族学、美术摄影、建筑学等各方面的专家学者参与。这是一个很好的现象，一则可更好地挖掘传统民居的诸多价值，同时对传统民居认识的普及亦十分有利，使更多的人具有欣赏意识，进而推动了保护和利用工作的开展。已发表的各类有关民居的书籍已经不少，其中尤以旅游为主题的书籍最多。有关建筑学的书籍亦占一定数量，包括各地区、各民族，或一村、一宅的传统民居的分析介绍，还有一部分以图片为主的图册。相对来讲，有关传统民居比较学及综合性分析的论著较少，尚有待同行的努力。

学习任何文化遗产都存在着欣赏、领悟、借鉴的过程，学习传统民居亦反映出类似的思想活动。从建筑学的意义上，读者可以了解到古人的居住状况、居住环境的经营及居住文化的特点，同时可以观察到古代匠师的技艺及巧思，从而进一步领悟建筑活动的发展与变化，建筑形制的地区性、民族性，建筑造型间的吸收与融合等感性与理性的思想收获，这正是名镇、名村、名宅等民居建筑能成为旅游业新的热点的原因。但是提高一步说到借鉴，则尚有一定的差距。所谓借鉴就是将这些思想收获，通过理性的分析与总结，能对当前的建筑创作提供有益的帮助。做到这点是要克服许多困难的，即是要由具象思维转向抽象思维，再转回具象思维（建筑创作总是要归结为具体形式的创作），思维转换是个艰难的过程。另一方面就是 20 世纪以来，全世界（包括中国）的经济及科技发展迅速，带动了生活方式的改变，新时代的新建筑与传统建筑生成条件产生巨大的差距，新旧建筑之间的联系与传承成为难题。因此，借鉴传统将会经历长期探索，并会多渠道地展现出来。近三十年来，中国建筑师的作品中所反映出来的新古典主义、新乡土主义、新民族主义的倾向，就是对探索、借鉴传统经验的体现。

从中国传统民居生成的三要素：实用（包括坚固）、经济、美观来看，新建筑与传统建筑之间产生了很大的变化。由于家庭结构的改变（由大家庭转为小家庭），文化思想的变化（由封建文化变为商品文化），居住生活质量极大提高（建筑设备的日新月异），新的人造建筑材料代替了传统自然材料（自然结构形式也变了），以及人民经济实力的提高，都预示着旧形式将不会再现。我们只能从传统民居的空间、结构、材料、经济等方面，通过形式观察，将其提升到理性的设计意念及形式规律上，即“虚”的方面来传承优秀的建筑传统。而在传统建筑的美学方面，虽然也存在着工艺技术及应用材料与新时代建筑的差异，但作为形式美的基本原则没有变，人们的审美心理没有变，传统民居建筑中形成美观效果的各种手法还是有启发、参考价值的。从美学方面去探讨民居的传承价值可能会更有效果。

建筑物是实用艺术（除少数以精神要求为创作目的的建筑，如园林、陵墓、纪念碑等），又是具象艺术，它是通过空间形象表达内容的，其美学价值也是通过形象表达出来的。因此，抽象地谈论“美”并不能赋予人们以深刻的感受。探讨建筑的形式美，需用形象说话。这也是本书选用大量图片的用意。通过图片的联想比通过思维的联想要容易得多。

客观的“美”需要通过主观的“审美”才能产生美感。因此对于一个形式的感受因人而异，因时而异，主观性起了很大的作用。任何谈论美学的著作仅是一家之感言，本书也不例外。本书写作的目的，仅是将自己的感受传达给读者，供人品评，并不是形式构图的真知灼见、四海皆准的原则，取舍全凭读者自身的感悟与联想。

目　录

民居建筑美学概说

一、美学与建筑美学

美学与其他各类科学和社会学科比较是一门晚近才发展起来的学科，在西方，出现在 18 世纪，而在中国，则是辛亥革命以后的事情。时至今日，有关美学所涉及的诸多概念，如对象、范围、内容等方面一直存在各种不同的看法与争论，是一门尚在充实、整合、提高的学问。它涉及了哲学、心理学、社会学的各种理念，有时还受技术科学的重大影响，这更增加了它的复杂性。笔者为了阐明中国民居建筑美学的诸多表现，不得不勉为其难地介绍出自己对美学的粗浅看法，不一定正确，仅为与读者相互切磋。

美学研究的首要问题就是“美”存在不存在，是客观的，还是主观感受的。大多数学者认为美是客观存在的，虽然美的现象各式各样，但它们是有规律可循的，可以概括地表述，因此，它可以作为一门学科进行研究。但也有的学者认为“美”是主观的产物，客观本无什么美的载体，是人的主观空幻的感觉。你认为是美的东西，别人可能认为丑，感觉各不相同，所以不必规范它，甚至上升为理论及科学，即无所谓“美学”。我认为美学是一门科学，是研究美的感受过程中，客观与主观相互依存与反映的科学，是主客观的统一。就是朱光潜先生所说的“美是客观方面某些事物、性质和形态适合主观方面的意识形态，可以交融在一起而成为一个完整形象的那种性质”。为什么这么说，因为任何感知皆缘于客观事物，感知美与丑也要有客观存在，这是不言自明的。但感知又需通过人的思维运作才能反映出来，而美的感知不像温度冷热那样通过人的生理来判断，而是要通过心理体察出来。每个人的心理过程又直接与其所处的环境密不可分（包括社会环境、自然环境、历史环境等），各人皆不相同，会产生不同的美感的判断，甚至同一个人在不同的时期也有不同的美感判断。这正是美学研究争议不断，众说纷纭，学派林立，立论特异现象的原因，也是美学研究要牵涉哲学、心理学、社会学及其他人文科学的原因。所以美学不仅要研究“美”，还要研究“审美”，美学的主要研究内容是归属审美方面的。

既然“审美”的反映是如此千变万化，不可捉摸，是否就没有客观标准？不然，任何科学论断都是在一定时空条件下的论断，没有绝对的、一成不变的真理。在美学方面亦是如此。城里人喜欢的花布图案，乡村人不一定喜欢；城里人认为田园风光、山水美景为美，而乡村人可能以灯光闪耀、高楼大厦为美；埃及金字塔在建造时，旷日持久，死伤万千，对当时的奴隶来讲是一项痛苦的事业，毫无美感，但翻过数千年的历史画页，今天人们以一项人类伟大的工程创举来欣赏，就产生了美感；巴黎埃菲尔铁塔在初落成时，争议不断，在当时建筑时尚处于新古典主义的建筑环境下，这个钢铁构筑物显得是那么丑陋，而在今天建筑进入现代主义阶段，以钢铁为材料构筑出如此高耸的建筑，表达出技术上的开创性，埃菲尔铁塔成为巴黎的标志性建筑，为世界人民所景仰（图 0–1）。总之，审美的过程是有时空条件的，任何审美都是在此时、此地的审美。同时审美标准只能以大多数人所能接受的原则为准绳，个别人的意见无法兼顾，例如至今仍有人认为埃菲尔铁塔是丑陋的建筑。

每个人都可按照自己的理解分辨出什么是美的，什么是丑的，但要刨根问底地说明什么是“美”或“美”是什么，“美感”又是一种什么样的感受却是千古之谜，人言各殊。古典美学家认为“美是永恒的理式”、“美是理念的感性表现”、“美在于关系”之中，唯物主义学者车尔尼雪夫斯基认为“美是生活”，马克思认为“劳动创造美”。也就是说美既存在于自然现象之中，也存在于社会现象之中。我个人认为更重要的是，美是存在于人的头脑中，是一种精神现象，它有别于人类的物质生产生活活动，如劳作、衣食住行的生产等。它是人类在自然条件和生产关系（社会）条件制约下，为生存而斗争的过程中，也可说是劳动的过程中，对理想的自然现象及理想的社会现象的企望与憧憬，符合自己理想的自然或社会现象，就会感觉美，也可以说美是生活的再现。所以美虽然根源于人类的物质活动，但它属于精神层面，所以具有很深刻的主观性，也决定了它的多变性。精神层面虽然是派生的，但其对物质层面有极大的影响，良好的美育教育，对完善德育、智育、体育的认知有极大的促进。这种理想的自然现象与社会现象包括的范围甚广，有形式方面的，如对称、韵律、统一、对比，也有思想方面的，如依托道德、礼仪、信仰、行为而启发的严肃、自由、崇高、敬畏等。

图 0–1 法国巴黎埃菲尔铁塔

这些理想的现象作用于人的思维，形成了一种感受，就是美感。最原始、最基础的美感，就是愉悦感。原始人在他们生产的陶器上画上鱼纹，加深了对渔猎生活回忆，感觉愉快（图 0–2）；商周时代作为礼器的青铜器上布满了饕餮纹，表现了奴隶主们的统治力量与气势，感觉满足（图 0–3）；江南豪宅民居的石库门布满了砖雕人物及戏出，多则耗费数千工，代表了地主、富商的财力，居者认为是一种美的表现。实际上，这种愉悦感就是普通百姓所说的“美”，包括美观、漂亮、悦耳、悦目、好看、好听等感受。

可以说愉悦感是美的初级阶段，是大多数人们所能接受的美学概念。虽然说美感是一种愉悦感，但随着社会的进步、生产力的提高、物质生活的丰裕，人们对精神生活也提出更高的要求，希望更深刻地反映“美”的需求，反映情感的各个方面。希望通过空间的、群体的、展开的、情节的、形象的形式，把精神感受提到更高的阶段。黑格尔说：“等到日常生活、宗教仪式或政治生活方面的某种具体需要的建筑目的已获得满足了，还要出现另一种动机，要求艺术形象和美时，这种建筑就要显出一种分化。”不仅要“悦耳悦目”，还要“悦心悦意”、“悦志悦神”，还要表现舒畅、优美、滑稽、喜剧、悲剧（由悲反衬的喜，是为大喜）、刺激、恐怖、崇高、冲突、新奇、虔诚等各种生活情感，也就是把美学提高到艺术高度。所以有的学者认为，美学是研究艺术规律的学问，此论虽然有失偏颇，但也反映了现实情况。

图 0—2　原始彩陶上的鱼纹饰

上面讨论过，美产生于人类的生产、生活过程中，是通过实用的物质实体展现的。但当它以艺术形式出现时，往往脱离了物质本体，成为独立的精神产品。如住人的建筑变成纪念碑，自然景观变成人工园林，一般的实用的造型变成独立的雕塑品，生产劳作变成舞蹈，语言变成小说或诗歌等。这些活动皆脱离了本体，成为一门独具特色的人类创作，这点更增加了美学研究的复杂性。这种复杂性也表现在谈论建筑美学的困难，不知从何说起能把建筑现象说清楚，建筑仅是“住人的机器”吗？建筑是一门艺术吗？建筑所表现出的是什么样的情感？建筑是具有两重性吗？什么类型的建筑可以称为艺术创作？不是艺术的建筑是否也有美观问题？艺术性的建筑是否也应考虑美观？这些问题围绕建筑理论界许多年，很难取得共识。在当今强调个性的时代，建筑设计作为个人创作活动，每个人都有表现自己的欲望，在理论上各有高见，更增加了协调思想认识的难度。

从美学角度看当前人类获得艺术创作的范畴是相当广泛的。一般可分为五大门类：即实用艺术——建筑、工艺美术，以至于服装、家具、器具等；造

图 0—3　商周青铜器上的饕餮纹饰

型艺术——绘画、雕塑、摄影等；表情艺术——音乐、舞蹈、书法等；语言艺术——小说、诗歌等；综合艺术——戏剧、电影等。今后随着时代的进步，将会有更多的艺术形式出现，特别是在诸种艺术手段的综合运用方面，更会涌现出意想不到的新的艺术形式。在这五大艺术类别中最特殊的就是建筑，它是实用艺术，它无法与实用功能相脱离，所以带来一些与纯艺术所不同的特征，这些特征既有局限性，但又有独到之处。

谈到建筑美学，应该包括实用的建筑，以及艺术性极高的建筑在内的所有建筑的美学问题。这里有住宅、商店、厂房、办公楼、商店、学校、医院、车站等实用性极高的建筑，也有博物馆、展览馆、大商场、剧院、电影院、体育场馆等公共性质的对美学要求高的建筑，古代还有些特殊的精神要求的建筑，如宫殿、王府、庄园、寺庙、教堂、园林等，还有纯粹从思想性出发的建筑，如陵墓、佛塔、纪念碑、凯旋门等。在这些纷杂众多的建筑类型中，有实用要求很严的建筑，也有精神要求很高的建筑，无法用统一的标准来衡量。所以有的学者提议把这些建筑按美学要求高低分成若干级，三级或四级，但这仅是一个普通概念而已。例如实用性很高的住宅，在某些建筑师的笔下可做成艺术精品，如美国建筑师赖特在宾夕法尼亚州所设计的考夫曼流水别墅（图 0–4）。在北京奥运会期间，谁也没想到一座实用的体育场（鸟巢）会变成轰动全世界的明星建筑，不仅成为北京的标识，还成为一个旅游项目（图 0–5）。所以建筑类型分级，无法厘定建筑实用与艺术

图0–4 美国宾夕法尼亚州考夫曼别墅

图 0-5　北京奥运体育场

之间的关系。但总的来说大部分建筑是实用性建筑，具有一定的美学要求。故在建筑理论中叙说建筑构成的三要素为“实用、经济、美观”，或“实用、坚固、美观”，皆提出了美观的要求。而按精神要求创作的独立的艺术作品的建筑是少数，它们并不按“三原则”的要求去创作，但就是这些少数建筑揭示了建筑美学的重大成就。过去学者书写建筑发展史所引用的实例，大部分是艺术性较高的建筑，建筑史故也可称为建筑艺术史。

从建筑美学角度看建筑，与其他艺术门类有相似之处，也有不同之处。大家公认有几点不同的特点。首先，它是实用品，有物质生活的使用要求，衣食住行四大生活需求中“住”占了很重要的地位。它和造型艺术（纯艺术）不同，与情感艺术也不同。即使是艺术要求很高的陵墓、纪念建筑也需要有礼仪、朝拜使用的物质空间。至于宫殿、神庙及公共建筑的使用要求就更高了。建筑既然是实用品，其美学或艺术创作就要受到局限，是使用空间上的创作，不像绘画，可以在一张纸上任意作画。建筑的实用性也拉近了与人们的距离，大家每天都要使用它，每天都会看到它，不像其他艺术品的欣赏必须安排特定的时间与场合。所以建筑的美学的感染力要比其他技术门类更广泛与直接。其次，建筑是一项空间艺术。人们使用建筑是使用其空间，不是实体，空间包括内部空间与外部空间（环境），人们可以在空间内外居住、生活、劳作。空间本身不能像小说、戏剧、电影等叙说情节，也不能表达出像绘画、雕塑那样具体的人和物的形象。它是一种抽象的艺术，只能表达一种氛围与感受，这一点与音乐有相通之处，所以有人形容建筑艺术为“凝固的音乐”。其三，建筑有双重性。它既有实用的物质层面特性，又具有追求美感的精神层面的要求，二者互相依存，互相补充。这种关系处理得好的建筑才是优秀的建筑。物质与精神双重性具体到每座建筑中是有主次的，孰轻孰重，除了决定于建筑的性质之外，更重要的是决定于使用者（业主）的要求，因为房子总是为需要的人建造的。从一般的要求来看，民居建筑应该属于美学要求较低的建筑，但其普遍的美学价值却不容低估。

本节所要说明的是，美学是一种精神上的要求；原始的美学就是愉悦感；进一步提高精神感受的要求产生了艺术；建筑艺术的特殊在于兼顾精神与物质两方面的双重性；虽然民居建筑的美学要求还达不到艺术创作的高度，但其普遍的亲和的美学价值对建筑创作更具有借鉴意义。

二、形式美

人们所感知的“美”有各种不同含义。例如普通劳作者把生理上的愉悦说成是美感，有事业的人把取得的成就乐趣说成是美感，教育家把思想品德的发扬说成是美感，说明人们获得的“美”是多方面的。概言之不外乎两方面，即自然美与社会美。自然美就是人们在劳动中，在与自然接触中所感知的美，如山河之壮美、花开之艳美、深秋之色美、初春之柔美、草原之阔美、水面之动美、松柏劲节之美、小桥流水之恬静之美，以及红花绿叶、高山深涧、林海雪原、湖泊岛礁等景色对比融合之美。这里还包括人们在适应自然、改造自然的过程中所取得的美感。如苏堤春晓、梨花伴月、琼岛春阴、蓟门烟树等，也可说是人化了的自然，中国古典园林的成功之处往往源于此点。而社会美是指人们在处理人际关系，即人和人在适应自然、改造自然的过程中每人在遵守社会准则方面感知的美。这里包括道德观念、礼仪规范、信仰崇拜、等级分列、行为准则等。社会在不断变化，不断进步，社会观念也在不断变化，因此社会美不像自然美那样较为稳定，而有转移，甚至改变。如封建社会视“三从”为妇女美德，而今天以男女平等为准则；中世纪以君权为至上，服从为美德，而现在崇尚民主与自由。由于观念的变化，使美的感知也在变化。

从美感内涵的表现来看，可分解为外在的形式美与内在的思想美，这是内容与形式的关系，是任何事物都存在的两个方面。一般讲，偏重实用的事物在形式美的考虑上较多，在思想美方面较弱；而艺术创作则在形式美上重视之外，思想内涵是其更重要的内容。

任何事物都必须有可感知的形式，否则便无法与人们交流。马克思说“人也依照美的规律来造型”。当生产制作精神产品或物质产品时，对这些有形、有色、有声的对象也要按照美的法则去运作。写一篇文章有起、承、转、合的考虑，谱一首乐曲要有高潮与过渡，画一幅画其题材要分宾主、虚实，布局要疏密相间等。又例如自古以来，长盛不衰的瓷器，历来都是作为实用器物出现的，但是在制作过程中，匠师们对它的器形、釉质、釉色以及成套器皿的组合都做了精心的设计，增加了使用者的美的感受。工业革命以后，实用品大量地摆脱了手工业生产方式，走向机械化、工业化的道路，所以又提出了工业美学、技术美学的概念，同样是为了强化实用品的美感的目的。对于规模巨大、形体复杂的建筑物来说，自然更应该讲求其造型的形式美，使人们更能愉快地接受它、感受它。因此形式上追求美是人的天性。

那么，如何做到形式美，形式美的基本规律是什么？概言之，就是哲学上的普遍定律——对立统一律。即任何事物皆可一分为二，同时又合而为一；天下大事分久必合，合久必分；乱中求治，治后生异；矛盾解决形成统一，统一之后又生新的矛盾等。自然界的形式规律也是这样，在其形式和变异的过程中，无不存在着相辅相成的关系。有高山必有峡谷，有花必有叶，在相同的植物形态中必有变异的造型，在繁杂的组合内必有简洁的规律等。因为有这么多的对立统一的形态，才造成了丰富多彩的自然界，才赋予人民多方面的美学欣赏。假如仅有规整而无变体，则世界会变得千篇一律、单调乏味、没有个性；仅有变体而无规整，则又会显得良莠并存、杂乱无章，同样没有个性。至于哪种程度的对立和统一才算是"美"，并无固定标准，因时、因地、因人而变。有人喜欢繁杂，刺激的，有人喜欢简洁、和谐的。但总的来说，形式美的美感应偏重在统一面，这可能与人性偏重平和有关。

人对客观的感觉是通过身体器官完成的，即通过眼、耳、鼻、口、身（手、脚），最后传达到大脑中，形成思维。诸种艺术形式也是针对人的器官起作用的。建筑、绘画、雕塑等造型艺术对应视觉；音乐、话剧对应听觉；烹调对应味觉与嗅觉；舞蹈对观看的人来说是视觉艺术，对舞者本人来说是肢体艺术；电影、电视是视觉、听觉等艺术的综合。这其中，作为造型艺术的建筑，人们尤为关注的是其影响视觉的形式美。

建筑是由建筑材料构成的空间的群体产品。它的形式美表现在材料的运用与表现上，具体地反映在三方面，即形、色、质。形是指形体，包括材料围合的内部空间与外部空间、群组空间，及建筑与周围相关物体间的环境空间。确切讲，建筑的形体是空间，而不是实体。有的美学家认为线条美在形式美中很重要，笔者认为对建筑而言，物体构成中的点、线、面、体四要素所综合成的空间美更为本质。建筑空间的多样化，可形成高低、连断、曲直、明暗、虚实、整乱、大小、升降、收放、疏密、粗细、对称与均衡、一致与变化、单一与反复等多种构图的变化，这些都是对立统一律在形体上的反映，处理得恰当会带给人们愉悦的美感。形体特征往往可以引发人们的联想。如直线显得刚强，曲线显得柔美；高大的空间有挺拔之感，低矮的空间有平和之感；明亮处显示欢乐，幽暗处显得压抑。这些都是生理在形态上的感知。色是指色彩美。马克思说"色彩的感觉是一般美感中最大众化的形式"，色彩使整个世界变得华丽多姿，绚烂无比。色是由于光的照射而引起，而光是生活中常见的，所以说色彩是最大众化的。人的视觉可感受到红、橙、黄、绿、青、蓝、紫七种色彩，另外加上全光的白色和无光的黑色，若再加上混色及金属色则人们感受的色彩因素就更丰富了。在色彩方面，同样有冷暖、浓淡、纯色与混色、调和与对比等形式规律问题。若由色彩组成图案或图画，则会增加形体上的因素，使色彩形式美方面的感受扩大范围。色彩亦可带给人们联想。如红色与血与火相联，表示勇敢、热烈；绿色与植物相联，表示生态、安静；蓝色与天与海联系，表示宽广、纯净；黄色与金子联系，表示高贵、明朗；白色与光照联系，表示纯洁、无瑕等。质是指材料的质地感，质地是建筑造型艺术所特有的因素（在服饰艺术中也会有质地因素）。材料不同，质感也不同。可以产生精粗、软硬、滑涩、冷暖等各异的感觉。质地感虽然需要靠手的触摸才能感受到，但经过经验的积累，人们的视觉也可以感知出来。材料从硬到软，可以排列出金属、石材、砖材、木材、灰泥、布料、纸张等认知的系列。质感也可引发人们的联想。如坚硬之材表示坚强，柔软之材表示亲和；难得或加工困难之材，显示出高贵，普通之材表示出平易等。

建筑物通过形、色、质的变化，通过空间的组织与展开，可以表达出某种感受。简单者可传达出愉悦感、优美感，复杂者可表现出开放与封闭、整齐与混杂、流动与静止、活泼与严峻、生动与僵硬、舒畅与敬畏、自由与神秘、欢乐与恐怖、光明与黑暗等多种相互对立统一在一起的人类复杂的感情，上升为建筑艺术。例如，我们参观欧洲的哥特式教堂，大量垂直而高耸的线条所形成的建筑空间，把人们的感觉带到无垠的太空，从而产生敬畏的感受（图0-6）；又如，历史上形成的唐代建筑风格，屋盖巨大，出檐深远，翼角伸展，给人们以雄浑飘逸的艺术美感（图0-7）；又如，江南苏杭一带的私家园林，小桥、秀阁，花木扶疏，花锦铺地，棂格空透，产生出静美活泼的艺术感受（图0-8）。建筑物本身并不能叙述情节，不能具体地表现人和事，不像

图 0-6　欧洲哥特式教堂内景

图 0-7　日本奈良法隆寺五重塔（受唐代建筑影响）

图 0-8　江苏苏州拙政园

其他造型艺术或语言艺术那样细致入微地进行创作，它基本上是一种抽象的艺术。但是建筑空间会说话，以其多变的形体、广阔的空间，以及人们可以进入建筑内部进行动态的观察、欣赏等特点，创造出独特的艺术魅力，有时甚至有超过其他艺术的表现力度。这也说明了古往今来一直把建筑视为艺术门类的原因。

至于说到民居建筑的美学，在上节中已经提到，民居建筑是一项非常实用的建筑，它不可能提供非实用而纯为观赏的空间。它的形式美的表现完全依附于实用建筑本身。虽然表现力受到局限，但却反映了朴素的、单纯的美学观念。它的美学规律可能对今后的建筑存在着参考价值。

三、艺术的叠加

在各种艺术门类的发展过程中，往往产生彼此交融、相互渗透、产生叠加的现象，甚至形成一门新兴的艺术门类。如话剧＋音乐＝歌剧，连续摄影＝无声电影，配上音乐及语言艺术成为有声电影，近年的大型演唱会就叠加成为集音乐、舞蹈、美术（布景）、灯光艺术于一体的艺术综合表演。

在实用品中亦存在着艺术叠加现象，而且十分普遍。例如服装上刺绣的龙凤图案，瓷器碗盘中绘制的松竹梅的岁寒三友图，家具杆件上的灵芝如意雕刻等。这些绣品、绘画、雕刻等都有独立的思想主题，与器物使用无关。但由于它们的存在，使得器物的表现内涵更加丰富。

在建筑艺术中亦同样存在各种艺术的叠加。如梁枋彩绘、壁画、贴络、栏杆石刻、室内花罩、门头砖刻等。这些制作虽然各有独立的美学构思，但它们又必须依附在建筑实体上，不可拆分，故可称之为"附加艺术"，通俗称之为装饰艺术，以有别于建筑本身创作或造型上的美学设计。在建筑物中，尤其是一般实用性质的建筑物中，这种装饰艺术的作用更为突出。所以有些文章将这种附加的装饰艺术也作为建筑艺术去论述，这样论述并不十分确切，因为它不是建筑艺术的本质内容。例如古代门窗是用纸糊方式进行采光，为了避免纸张被风吹破而在门窗心部做出木制棂格条。进一步为了美化棂格条而变化出各种图案组织及粗细变化、材质变化，这些还都是建筑美学应该考虑的问题。进一步在气候温和地区的门窗，其保暖采光要求降低，槅扇心产生雕刻化的倾向，变成了透雕的花板，甚至有的地区可以透雕四层图案，完全成了雕刻艺术品。它的艺术成就已经不是建筑艺术成就了。在云南大理丽江地区雕刻隔扇心可成为商品成樘出售，安装在任何住宅中。近年来的一些古董艺术收藏家往往将这些古宅中的艺术雕刻品拆卸下来系统收藏，而对一些棂格图案组织得十分得体美观的隔扇心却很少有人收藏。此例也可说明建筑形式美与建筑装饰艺术的区别。但一般在欣赏建筑艺术实例时，并不会着意区分二者的关系，而把它们看作建筑艺术所应拥有的必要构成部分。

装饰艺术在民居建筑中尤其重要，它提高了建筑的可视度，某些精细度较高的装饰手法和装饰件可以在日常生活中长年累月地被欣赏、体味。由于装饰手法的采用，增加了民居建筑的个性特征，使人产生浓厚的家庭归属感，觉得这是有别于其他家庭的自己的家。

从传统民居的建造条件来看，古代的民居装饰艺术主要集中在几种艺术手段：①雕刻，包括木雕、砖雕、石雕三类，少量的竹雕；②木构彩画，民居中比较简单，主要集中在祠堂等大型建筑中或富商的厅堂上；③灰塑与嵌瓷；④饰壁，包括各种材料的贴饰；⑤画壁；⑥挂饰，

图 0–9　江苏苏州狮子林木雕花罩

图 0–10　安徽黟县西递村胡文光牌坊石雕

包括匾联、挂屏、字画等（图 0–9、图 0–10、图 0–11、图 0–12）。这些装饰艺术手法可以使用在建筑的不同部位，具有不同的特点，可以说是相当丰富多彩。装饰艺术的思想主题除了文人官宦人家有道德、礼制、寄情等内容以外，绝大多数人家采用的是吉祥内容，求得家庭和美、富贵平安。

上述提到的装饰艺术手段，主要是指古代民居建筑实例中所应用的项目。进入现代工业化社会，装饰材料层出不穷，引出的新的装饰手法更多，如瓷面砖、不锈钢、壁纸、金属制品、铝铜饰件，玻璃制品、人造石、布艺品、堆漆、镶嵌、掐丝等。应该说建筑装饰艺术的发展前途更为广阔，作用更为突出。

另外，还有一种在建筑物营造之外，同样构成民居使用之美感的物件，即是家具和器具陈设（包括联匾、灯具等物）。这是任何家庭不可缺少的东西，经济条件差的家庭当然谈不上美的追求，但富裕人家却把它们作为家庭地位的标志去对待。自从明代以来家具与陈设品的设计呈现百花齐放、标新立异、异彩纷呈的局面，把中国民居建筑的空间环境带到了更高的层次。

图 0–11　安徽歙县呈坎罗氏宗祠宝纶阁明代彩画

图 0–12　徐州博物馆藏镶蚌片的周制家具

四、民居建筑美学的表现

民居建筑是一种实用建筑，不可能要求它具有深刻的思想内涵及艺术表现，它的美学表现主要基于其形式的美化，即形式美方面。通过形式表现一定的美感，另外通过附加的装饰艺术增加某些具体的、有局限性的思想内涵。即建筑形式美加上装饰艺术构成民居建筑的美学基础。

民居是生活建筑，因此其形体展现出体量小、层高低、内部空间小、布局紧凑、用材地方化、建筑形态重复出现等特点。其形式美的表现与大型的公共建筑不同。它不会形成严峻、宏伟、神秘、惊恐、奔放、崇敬等美学感受。其美感多数呈现为协调、统一、均衡、整齐、重复、柔美、有序、精细、温软等偏重平和的风貌。若从对立统一造型规律来考察，它更偏重于统一的层面。通过形式的美学加工，造就出安静、温暖、整洁的宜居环境，是民居建筑美学的总体感受。这种统一的美感表现在建筑语言上，可概括为环境和谐，风格一致与构图稳定。建筑要尽量保护生态环境，适应自然，避免破坏，与自然山川和谐共处。在一定空间环境中建造的民居要有相似性、风格的一致性，才能产生规整有序的美感。同时建筑群体之间与建筑造型上要体现稳定的构图原则，形成安定祥和、沉稳平静的居住环境，美感自然在其中体现了。

中国传统民居建筑的统一风貌是在古代社会条件和技术条件下自然形成的。如传统民居采用重复的平面，轴线规整的布局，地区习用的建筑材料（就地取材），制度的限制，定型的木结构形制等，自然形成了地区民居形制的雷同现象。但从对立统一自然规律角度来看，为了打破千篇一律，千人一面的呆板无趣美学表现，必须增加变化，形成对立状态下的统一体。即乱中求整，整中求变；柔中有刚，刚中显柔；糙中有细；重复中有重点；统一中有变化；协调中有异样等形态多样的相辅相成的统一体。这种变化的美感表现在建筑语言上，可概括为造型独特，重点突出，细部变化，材料巧用，精工细作，大同小异，形式创新，观念阐发等诸多方面。

民居造型的独特很重要，包括地区特色、技术特色、民族特色等。这些特色并不被当时当地的民众明显感知，但从大范围的建筑现象来考察，它就有独立存在的价值。这也是旅游事业的重要的支撑点。重点突出即是指在民居群体中要有突出点，如大型公共建筑等。在民居建筑内部也要有重点的美学装饰，以打破单调的感觉。细部变化是指建筑细微处，在不影响技术结构、生活使用的地方加强变化的处理，以显每座民居的个性。材料巧用在于用相同的材料可以变化不同的使用方法、不同的感观形象。精工细作的目的是精神方面的满足，表现在物体上曾凝聚的劳动量及技术水平。大同小异是追求变化的常见手法，在相同的部位、类似的构图中追求变化，在统一和谐中增加变化趣味。形式创新很重要，因此人们审美感觉中的新鲜性占了很大的比重，再美的形式也不能千年不变，视久必厌，需要新形式的刺激，这是艺术发展中重要的促进因素。观念阐发是指在建筑美学处理中加入人文因素、社会风尚、礼仪信仰等，千差万别的运用得体能自动增加许多变化因素。

由于民居的体量小、形态重复出现的特点，决定其较易形成统一风貌，而创造美感的难点主要落在变异上。古往今来的建筑匠师对形式美的创造主要在变异上。今天广大的住宅、宿舍、办公楼等一般性建筑在美学上的考虑还是如何增加变异，形成新的风格。对建筑物来说，这种变异必须依附于建筑实体上，运用一定的手法来实现。手法运用的巧拙、制作的难易、造价的费省、视感的深浅可考验建筑师的水平。所以建筑设计手法表现了建筑师的业务素质。

诸多的建筑美学设计手法都需要通过建筑的整体和局部来实现，而且多种多样。也可以说设计手法是研究建筑美学从感性认识到理性认识的阶梯，美学问题只是通过实物才能提高认识，也说明景物图片在美学研究中的重要性。

中国传统民居建筑的美学表现在环境群体到细部的各个层面上，包括环境、聚落群体、建筑造型、院落入口、结构美学、材料美学、装修构造、装饰艺术、崇敬物、家具陈设等。每个层面皆有众多美的形式创作手法，有些手法在今天仍有启发意义。当然，并不是每座传统民居的所有方面的形式美学手法都是成功的，只要有一点可取，就有参考价值，积少成多，共同展现了传统民居的美学成就。

民居环境景观是指聚落群体与自然山川、植物间的关系。我们希望能使两者达到亲密无间，即“天人合一”的境界。自然条件千变万化，有高山、平原、坡地、草原、大河、湖泊、森林、树丛、花草等，民居聚落相处其间，能够和谐共生，产生有序、协调之美。有条件时，还可以借景，以丰富环境景观，如风水学说中所提到的对景案山、朝山。也可以借湖景、水景、林景。条件并不如意，还可造景，如经营水口，整理水系，增植林木等。现代中国人口剧增，居住用地供应紧张，人居与自然之间矛盾加深，因此人工整理环境尤为重要，争取在有限的空间内，增加生态因素，改善人居环境。

聚落群体空间是指城镇、村寨的整体面貌。整体面貌的优势取决于规划组织与布局，处理地形与建筑的关系，协调水体与建筑的关系，建筑材料运用，增加巷道的观赏性（包括陆巷与水巷）等各个环节。在古代聚族而居的村落，往往有明晰的规划，显现出整齐的村貌，带给人们一种统一平和之美。

建筑造型因素在民居建筑中有特殊表现，因大部分地区的传统民居是院落式的布局，外部有墙或建筑围护，因此从单幢建筑的形体无法窥知全貌。人们能看到的是住宅外观的立面构图，和进入宅内看到的院落四向构图。而单体建筑比较简单，皆为三间五架、双坡硬山顶而已。这点与大型建筑及西方建筑皆有所不同。从视觉认知的民居建筑形体中，可产生均衡对称之美。

院落入口也是民居的特殊之处。由于大量民居是院落式的，是门堂分立的，所以其外入口就是院门，也就是户门，而不是单体建筑的门。在聚落环境中，院门是一座民居个性表现的重要一环。院门的规模、形式、色彩、装饰可具体地反映出户主的社会和经济地位，是“门第”高低的标志。历来人们对城乡民居建筑院门皆付出极大的关注，现在农村新民居的院门仍然装饰华丽，贴瓷砖、立门对、砌筑门头花饰等装饰手段首先用于院门。民居院门不仅规格多，而且装饰手法也有不少创意，可以形成一种门的文化。与其并列的尚有内院门，即二门，亦十分华美。此外，影壁亦是院门的配属建筑物。院门的美学感受是突显之美，潜意识是身份贵贱的表征。

结构美学是指结构所形成的美感，在以木结构为主要结构形式的民居建筑中，屋架及其结构附件的美学加工是常见的。结构本身从受力角度形成的形制是有规律性的，是整齐一致的，而缺少的是变化，美学加工是为了增加其变异，使得每榀屋架更有个性、特性。结构之美产生在构架组合、杆件装饰、构造附件的美化等方面的巧妙组合。各项民居的结构美化皆有不同的处理方式，有的略施文采，有的点到为止，有的大肆增华，有的扭曲过度，但皆获得一时之欣赏。总之，在整齐划一的处境下，突出了个性就会产生美感。

材料美学是指民居建筑在使用材料上的美学技巧。石、砖、土、木、草、竹、灰等材料通过人工制作皆可产生材料的美感。它是通过材料之间的搭配、加工的技巧及精细度、将零散材料整顿成有序的材料，以及发挥材料本身特有的质感来获得美观享受。也可以说材料之美是原始性的美感，是天然的美感。

装修构造是民居建筑美学表现的重点。它是为了解决建筑物内外空间的隔与透的功能要求而采取的构造措施，它要综合解决人流、防护、阻寒、采光、避晒、通风、挡光、隔噪、防虫鸟、避内窥、通外视等一系列人流、气流、光线、视线等居住要求。装修指外檐的门、窗、挂落、雨罩等项，和内檐的屏门、花罩、炕罩、纱格门、博古架、板壁，以及天花、吊顶等项。民居中的装修用作室内分隔之用，多数为木装修，其他材料应用得较少，这样可取得温润、纤细、空透、灵活的感觉。装修中以门、窗的美观变化最多，与雕刻、绘画叠加处理的方式最普通，门窗及花罩组合在一起是获得室内空间美感的重要手段，如太师壁等。民居各种房间中以主要厅堂的内檐装修为全宅重点，表现出业主的美学倾向，其精美度也是全宅之冠。

装饰艺术是指依附在民居建筑各部位的雕刻（石、砖、木雕）、彩绘、灰塑、嵌瓷、陶制等工艺手法所形成的艺术制作。它可以是抽象的，也可以是具象的；它同时表达了一定的思想内涵与人事情节，并有一定的叙说功能。这在古代传统民居中应用较充分，是受历史的局限所致，当时来讲这是民间最容易应用的装饰手段。装饰艺术增强了民居建筑的美学表现。在现今时代，装饰手段、技艺将有所改变，手工技艺的成分将有所减少，而一些现代技艺将有所扩展补充，在建筑中装饰艺术仍将发挥作用。

纪念崇敬物是人们在信仰上的物质表现，它们往往与民居建筑统合在一起。大型的是祠堂、家庙、牌坊；小型的设在建筑内，如佛龛、祖龛、土地龛、图腾物等。这些纪念物多经过精心的艺术加工，在民居的内外空间上成为关注的焦点。

家具与陈设严格讲并不属于建筑美学范畴，它是可移动的，可更换的，是商品物件，随业主的喜好而变化。但又不能否认它们在建筑空间（尤其是室内空间）上的美学作用，应用得恰当可增加建筑欣赏的深度。它包括家具、联匾、字画、挂屏及陈设等项目。从美学角度看家具与陈设本无绝对的优劣，视其在选用场合所营造出的氛围而定，氛围本身受业主的好恶影响极大，无法定论。

综上所述，列举了民居建筑美学表现的各个层面。各地民居、各族民居、各村民居各有所长，不可能面面俱佳。同时手法各异，这样才会形成今日传统民居丰富多彩的面貌，增加人们欣赏游览的兴致。有关民居建筑美学的诸方面表现，将在后面章节中详述。

五、民居建筑美学的特征

作为最普遍、实用的建筑类型——民居建筑，它的造型美学及其装饰艺术的美学与通用产品、器物的造型美学应该是共通的，但是它也表现出自己特有的规律与特征。

（一）历史性

建筑是一项最古老的产品，人们从穴居、巢居开始一直不断地努力改善自己的家园住居，也产生了许多美好的民居建筑，大家竞相仿效建造，表现了居者的美学爱好。但什么是最好最美的民居呢？这点很难说清楚。关键在于时代不同，环境条件不同，美学爱好不同。在历史建筑中始终没有最好的，只有更好的。说它最好，也不过当时最好。用今天的观点评价历史建筑及其美观问题往往得不到恰当的结论。例如，清代中期以后，建筑装饰大为盛行，门窗棂格花样百出，门楼的砖雕饰件布满全部，硬木家具还要满镶蚌片，从今日观点来看，这种“全装饰”未免粗俗、繁琐，还不如明代建筑舒朗大方。但从历史角度来看，明代流行的简略之风流行了数百年以后，至清中叶，社会积累了不少财富，希望在建筑上求新变异，将建筑装饰再提高一步，而当时的建筑材料及建筑技术没有大的突破，自然把这种欲望发泄在精雕细刻上，形成以华贵为美的时代风尚。上至帝王，下至平民，皆为同一心态；大至建筑，小至器物，皆为同一风格。这种华丽风格为传统建筑装饰开辟了新的途径，应该视为一种进步。这就同西欧建筑在经历了古典主义以后，发展成为“巴洛克”建筑的时代风格变化是一样的道理。目前对“巴洛克”建筑的历史评价，也已经有了新的认识。所以历史的事情应该历史地去认识评价（图 0–13、图 0–14）。

（二）地域性

建筑是有地域性的用品，而不是碗、盆、桌、凳那样的全国通用物品。它的形式处理也带有地域特点，炎热的南方的居住建筑屋盖轻薄，墙体空透，栅窗灵活，与部分实体墙身相结合显得虚实得宜。这种虚的手法处理带给居民的是通风、凉爽的美感。而在寒冷的北方，若同样使用过多虚的手法，则会给居者带来萧索冷漠的不愉快感，而厚实的墙体、封闭的装修，反而给居者带来温暖、舒适的美感。所以，虚实对比虽为构图之常理，但以虚为主，还是以实为主，尚需视地域而有差别。再例如民居建筑用色，在气候温湿的南方，一年四季绿草如茵，繁花似锦，颜色丰富，因此民居用色多以黑、白、灰、褐的深沉雅致之色为主体。而北方在冬季冰封大地，万木俱枯，所以民居多用红、绿、黑、金等热烈刺激之色。黑亮的大门、朱红的门对、贴金填蓝的门簪、金铜的门环、油绿的屏门、大红的门窗，这些鲜丽的色彩，给人们的居住空间环境带来了生机。所

图 0–13 汉代石刻中表现的直棂窗（左）

图 0–14 江苏镇江五柳堂正厅清代隔扇门窗棂格及木刻（右）

以民居用色是雅致美还是刺激美，也要视地域而定。山区的石墙由体形近似的毛石乱砌，在规整中显现出粗犷之美，而城中大宅的磨砖对缝墙体，在精巧中显现了纤柔之美。如何才算形式美，妙在与环境相匹配。作无定法，精在体宜（图 0–15、图 0–16）。

分散居住在祖国各地的少数民族，由于地域自然条件的限制，往往形成一些习用的建筑构造与装饰手法。如新疆维吾尔族的石膏花、藏族的彩色门窗刷饰、回族的木雕与石雕、傣族的席编等。这种现象并不是一成不变的，同一民族居住在不同的地域，也会采用不同的建筑形制，说明地域因素是建筑形制的决定因素。

图 0–15
西藏萨迦民居碉房

（三）社会性

民居建筑的美感是因人而异的，而人又是处在社会群体之中，各人的权力地位、经济实力、文化层次皆不相同，所以审美情趣也不相同。平民农户之家的梁架往往用原木造作，随弯就势，不加砍凿，墙体以原石垒就，院墙以竹篱或编笆成造，处处显现出一种朴素之美。人们欣赏的是它们形式中的自然与巧妙，无意中流露的匠心（图 0–17）。而豪门大户的府邸的构架精雕细作，墙地光洁平滑，装修材料贵重，随处装饰加工繁多，显现出一种豪华之美（图 0–18）。人们欣赏的是它们工程量的巨大，加工技术的难度，刻意表现的匠心。前者表现的是平和内向的心态，而后者追求的是振奋外向的宣扬。素美、华美，孰优孰劣，难以断言，只能说因人而异。

图 0–16　山西祁县渠家大院牌楼院正房的外檐装饰

直到今日现代建筑中依然存在着素美、华美的不同趋向。建筑师的设计风格、业主的爱好、公众的评议仍然左右着建筑造型设计的取向。至于闽南民居华美的外观则反映了地区最早的开发对外交通及经济交流的社会实践，闽西客家人闭关自守的防护心理形成封闭的高墙土楼风格，西南少数民族的小农和农奴经济造成自由外敞的村寨风貌，这些都是社会条件对审美情趣的影响与制约。古往今来的社会中尚存在着一种赶时髦的形式美追求，某一时期盛行的流行样式也是社会心理状态在美学上的反馈。

图 0–17　河北邢台英谈村石构民居（左）

图 0–18　江苏苏州网师园小山丛桂轩的华丽窗格（上）

（四）个性表现

在美学研究中，许多学者提出了“新鲜性”的观点。即在美的创作中一成不变的美感是不存在的。即便是一种很成熟的，很符合美学规律的，具有很强表现力的形式创作，也不能长久不衰，一直被人们喜爱。只有那些更新的，另辟蹊径的形式创作才会引起大家的注意，产生新的美感，这便是“新鲜性”，也就是今日大家很熟悉的“时尚”观念。这一点在许多艺术品创作及实用品形式设计中都反映出来。民居建筑形式的新鲜性就是“个性”。在类似的建筑技术手段、类似的建筑材料、近似的生活方式的制约下产生的民居建筑，每家应有所不同，应有自己的个性特点，一眼便能认出自己的家。民居建筑不同于一次性碗筷、公共汽车、电线杆等公用产品，它是属于一个私有的家庭，它必须有个性，仅用门牌号来辨认住宅是最无能的表现。民居个性在有钱人家的豪宅巨院中很容易表现，因为它们的空间变化显著，而一般平民百姓的民居则主要表现在入口及内院装修装饰方面。北方城镇的胡同及南方的里弄的民居建筑紧靠，真正对外观赏到的是院墙及入口，院墙的区别性较弱，而入口外门却可大做文章，千姿百态，花样翻新，对今日单元式、公寓式住宅设计来说，仍具有不少启发。院内的门窗装修、挂落、栏杆、匾额、饰件，几乎每家不同，若问为什么花这么大气力去经营装修与装饰，实质上就是为增加每家的个性，从个性中获得美感。

由于上述诸项民居建筑美学特色的影响，所以才形成千宅千面的民居造型。民居建筑与其他类型的建筑相比较，虽不能以体形、体量的变化取胜，但其形式美及装饰美的丰富变幻，却为它赢得了美的赞誉。

虽然民居建筑的美学表现呈现出历史性、地域性、社会性、个性的内涵，但在编写本书时并不想以此为纲来介绍各个实例。因为任何事物都在变化，人的审美感觉也在变化。历史性的东西虽然已经成为过去，但在某种条件下它可以更新的形式再现出来；地域性的技术手法在新的科学技术发展的情况下，也可以在其他地域使用，如北方建筑也可以做出轻快的形式；不同社会层次的人有不同的审美趣味与感觉，但随着国家经济的发展，人们的审美会产生交流，喜欢华美的人群也会转向素美；至于个性更是随时间的推移在不停地变化。所以，笔者觉得还是以介绍建筑造型各个方面的组织素材为宜。建筑的根本性质还是一项造型艺术，各种造型虽有形成原因，但观者审美各有取向，取其所爱，变异求新，心有体会，即为收获。

壹·环境之美

当人们摆脱穴居野外的原始状态，开始有目的有手段地营造自己的居室，以改善生活质量的时候，也是人们改造大自然的开始。在很长的历史阶段，这种改造都是在尊重自然，利用自然，顺应自然，与自然界和谐共生的条件下进行的，形成具有生态特征的聚落环境景观。只是到了近代，由于科技的高度发展，扩大了对人类能力的崇信，孤立地去解决人类的衣、食、住、行问题，导致人与自然的矛盾，同时也恶化了居住环境。环境问题成为 21 世纪的重大社会问题，引起人们的普遍关注。此刻，人们会怀念、记忆起古代人民建造聚落时的经验，以及形成的具有生态特点的环境景观，这种心态是城市居民热衷于传统村镇旅游的原因之一。当然，时过境迁，今日的社会条件已不可能再现历史场景，但是前车之鉴，总可对解决当前问题有所启发与借鉴。

民居景观的形成取决于两方面，即以建筑为主体的人文景观，和以山川树木为主体的自然景观。有关人文景观的美学特点将在以下各章节中进行讨论。这里着重讨论自然风貌引发的景观特征。

中国是自然风貌十分丰富的国家。它占据了三个气候带，亚寒带、温带、亚热带；具有复杂的地形、地貌，包括平原、水网、草原、沙漠、高原、高山、黄土原、丘陵地带等；不同的气候与地貌也造成了丰富的植被品种、农耕作物及畜牧业。中国先民就是在这样丰富多变的自然环境中建设自己的家园，形成独具特色的环境景观。依笔者的体会，有三方面的景观特色值得注意，即山水自然景观、因地就势景观、调整营造景观。

一、山水自然景观

与聚落相关的自然景观主要有三大要素，即山、水、植物。所谓的山即是指地形变化，包括高山峻岭、丘陵缓山、黄土沟壑、高原叠落等各类地形因素；所谓水即是指水面，包括江河、海滨、湖池、水网等要素；有水则有植被，包括乔木、灌木、花木、农作物等。建立和谐优美的聚落环境景观就是把民居与自然的山水植被融合在一起，相得益彰，使居住者获得心灵上的慰藉，这就是所谓的“山水情怀”。这是中国的地理环境及人文文化长期积淀的结果，这种意境突出地表现在

图 1–1 湖南吉首矮寨苗族村寨（下）

图 1–2 广西桂林阳朔民居（右上）

图 1–3 甘肃迭部扎尕那藏族村寨（右下）

中国园林的营造上，与西方的草原花木欣赏理念完全不同。

中国人对山水的欣赏是有着广泛的群众基础的。文人学者对山水的赞美表现在山水诗、山水画，以及游记、题刻之中，他们把自己的理想寄托在山水的景象内。儒家提倡的“比德”之说即是将山水植物比喻人的品德，“智者乐水，仁者乐山”，“睹松竹则思贞操之贤，临清流则贵廉洁之行”。即将自然之美与人的道德情操相联系。道家崇尚自然，超然物外，即“崇山峻岭、茂林修竹，清流急湍，映带左右……亦足以畅叙幽情”，欣赏“天地有大美”，以求得心灵的解放。文人的审美观对社会的审美取向会产生积极的影响。此外，古代社会通行于民间的风水学说亦对人们的山水观产生影响。在选择村落地址时，依照风水理论需要经过“觅龙、察砂、观水、点穴”等步骤，即对村庄周围的山势、水流、生态环境进行考察，以求村落选择在最优良的环境地区。总结下来，最优选址为符合“枕山、环水、面屏”三原则的地段（即背后有山为靠，前面有水为带，对面有小山为屏障），从而也就产生了典型的中国村寨环境景观的模式，特别是在南方山水交融地区的村落大都如此。

山水景观还会引发出派生的景观现象，如按就地取材的原则下形成的建筑与自然环境的协调现象，黄土地区的窑洞，太行山区的石构房屋，亚热带植物簇拥下的竹楼等场景皆为案例，这种协调现象形成了别具一格的景观美。

图 1-4　广西融水金秀十八家寨瑶族村寨（左）

图 -5　西藏林芝藏族村寨（下）

图 1–6　西藏萨迦民居

图 1-7　江西婺源上晓起村

图 1-8　江西婺源清华镇附近村庄

图 1-9　四川康定新都桥藏族民居

图 1-10　云南大理洱海渔村

图 1-11　江西婺源思溪村庄

图 1-12 浙江永嘉林坑村（下）
图 1-13 浙江永嘉林坑村（右）

图 1–14 西藏林芝附近藏族村寨（左上）
图 1–15 浙江永嘉上坳村竹林（左下）
图 1–16 新疆布尔津喀纳斯湖哈萨克毡房（右）

图 1-17　内蒙古呼和浩特四子王旗格根塔拉草原毡房

图 1-18　青海湟源日月乡牧民居民点

图 1-19　山西阳城皇城村靠崖窑洞

图 1-20　新疆吐鲁番葡萄沟维吾尔族民居及晾房

二、因地就势景观

中国是一个多山的国家，许多村落都是建立在山区中。民居建筑多顺应地形，依山而建，形成层叠递上的布置方式。虽然依山而建的民居是世界各地普遍遵循的格式，但是由于中国民居形制的独特性及多样性，造成的景观效果也有别于世界其他地区。同时传统村落利用坡地只进行少量的局部填挖，尽量保存自然状态，有时利用建筑本身解决地形高差，如挖填互补，高脚吊柱，院内台地，室内高差等手段，可以将整体地形的坡差融合在建筑物的立体设计内。这样处理的结果使村寨的整体面貌产生疏密相间、灵活自由的构图，同时植被比较茂盛，具有东方风格的山水画意，在中国南方地区雨量极为充沛，形成众多的河溪、湖池。因此临水而建的村落可平添无数美景。水因素在成景中有许多有利条件。如水面可形成倒影，特别是白色或彩色建筑格外明显；水面有水生植物；因交通需要而产生了各式桥梁，尤其是拱桥与廊桥，以其丰富多变的造型成为村落景观的亮点；水边尚有码头与泊岸、来往的船舶、休息用的亭廊等，都是村落亲水的建筑景观。植物与水体是动态的景观要素，一年四季，晨昏阴晴皆有不同的表现，从这个角度欣赏传统民居的美妙景色可以说是千变万化、层出不穷。民居建筑与山水植物等自然景观的亲和所引发的各种景观极大地补充、丰富了视觉画面。

图 1–21　甘肃迭部扎尕那藏族村寨（左下）

图 1–22　广西三江马安村侗族村寨（右下）

图 1-23　新疆吐鲁番吐峪沟维吾尔族民居村落

图 1–24　四川丹巴巴居藏寨全景

图 1-25　贵州凯里二桥村苗族村寨（左上）
图 1-26　云南元江土掌房村寨（左下）
图 1-27　湖南凤凰山江镇黄茅坪村苗族村寨（右）

图 1-28　北京斋堂镇爨底下村全景

图 1–29 福建南靖书洋乡石桥村临水振德楼（下）
图 1–30 江西婺源陀川乡理坑村水景（右）

图 1-31　福建南靖书洋乡塔下村临河水景

图 1-32　江西婺源秋口镇李坑村水巷

图 1-33　安徽黟县宏村南湖

图 1-34 浙江嘉善西塘河街及游船（左下）
图 1-35 安徽黟县宏村南湖秋景（右上）
图 1-36 安徽黟县宏村南湖冬景（右下）

图 1-37　浙江永嘉岩头村丽水廊

图 1-38　浙江永嘉溪口村水塘亭榭

图 1-39　浙江永嘉芙蓉村芙蓉池

图 1-40　广西三江马安村侗寨程阳桥及水车

图 1—[illegible] 广西融水香粉寨瑶族村寨风雨桥

图 1—42 福建崇安武夷山全庆桥

图 1-43　广西三江华练寨侗族村寨风雨桥及鼓楼（左上）

图 1-44　广西三江马安村侗族村寨程阳桥桥头（右上）

图 1-45　广西三江马安村侗族村寨程阳桥（右下）

三、调整营造景观

当前在自然环境并不十分理想的情况下，人们可以积极进行调整、改进，使之更利于生活，同时创造出宜居的环境景观。调整的重点在水体及植物两方面。

开塘、引渠、截水、筑坝是聚落中常用的整理水系的举措。筑坝可提高水位，形成水面，并可引水入村、入户；开塘可人造水面，利于防火及饮用；引渠可用于灌溉。这些小型的水利工程又带给景观极大的变化，滚水坝体上浪花飞溅，村边池塘中涟漪微皱，可产生出美妙的田园水景。为增强人们对聚落水系的重视，特别对村落水口（村落的入水处称上水口，出水口称下水口）地点进行处理。如建造亭阁、祠堂、塔庙、牌坊等，与水体相映成趣。

增植林木是改善环境的根本措施。例如广东地区村庄皆在村后坡地上广植树木；南方少数民族村寨亦在聚落周围密植树木。凡是有文化底蕴的村寨，皆有百年以上的树木，作为村落的标志及群众集会之所，历史沧桑之感油然而生。各地村寨的农作物亦是景观形成的重要因素，江南四月油菜花盛开，使大地尽染嫩黄之色，北方麦熟季节村庄周围一片金黄。西南一带山区的层层梯田、新疆吐鲁番的长长的葡萄架等，都使民居的环境景观增色不少。

图 1-46　浙江永嘉溪口村中心水塘（左下）

图 1-47　安徽黟县宏村月沼（右上）

图 1-48　浙江兰溪诸葛村中心水塘（右下）

图 1-49 福建南靖书洋乡塔下村拦水及跳墩子（左上）
图 1-50 安徽歙县唐模乡拦水（左下）
图 1-51 安徽歙县渔梁坝（右）

图 1-52　福建南靖梅林乡拦水

图 1-53　广西三江六甲寨侗族村寨拦水

图 1-54　江西婺源上晓起村水口古树水景

图 1-55　贵州凯里白手井村苗族村寨村口风水树及土地庙

图 1-56　安徽歙县唐模乡水口亭

图 1-57　江西婺源下晓起村村口巨樟

图 1-5　西藏　东殖布拉康山下藏族村寨绿化

图 1-59　云南元江哈尼族村寨水梯田

图 1-60　浙江永嘉林坑村植物环境

图 –61　甘肃迭部藏族村寨旱梯田

图 1-62　广西融水苗族村寨梯田（上）
图 1-63　湖南古丈默戌镇万岩村苗族村寨梯田（下）

贰·聚落之美

作为社会化的人类总是群居的，他们的居住地形成了大小不同的各类聚落，包括府、州、县等行政城市，镇、乡、村等工商业、农业居民点。聚落的形成是依据许多实际的使用功能决定的，即产业特点、政治因素、文化特色等是其形成的基本因素。但是人们在长期建造聚落的实践中，有意识地或自发地形成的建筑群体组合形式，反映出有意味的形式美学特点，带给人们视觉上的享受，亦是中国民居建筑文化上的贡献。

概括地总结聚落建筑群体方面的美学因素，首先就是建筑风格的一致性，这是达到统一协调的必要条件。类似的风格可以形成和谐的风貌，产生秩序感、归属感、认同感。有了这个统一的大前提，其他的变化因素就可发生作用。否则在杂乱无序的建筑背景下，任何巧妙的建筑艺术处理只会乱中添乱。在古代生产力发展缓慢的时代，一个地区成熟的建筑技术及其形制会持续很长时期，很容易形成地方的统一建筑风格。而发展到近代社会，建筑技术日新月异，新形式不断涌现，维持城镇一致的面貌成为难事。因此为了更好地保护古城、古村镇的历史面貌，只能采取另建新区，或者在仍有居住功能的历史街区（包括古村镇）内贯彻风貌保护的原则，即在外观上求得协调一致，这些措施的目的就是取得建筑风格的一致性。

其次，安排聚落内的重点建筑得到突出的表现，使统一的村镇面貌有所变化，亦是取得有特色的聚落景观的因素之一。所谓重点建筑在城市内应是宫殿、庙宇、衙署，在村镇内应是祠堂、牌坊、乡土庙宇、鼓楼、古桥、戏台等项。从布局角度看，这些重点建筑若布置在聚落内，往往同时形成广场，以便集散人群，如衙门广场、鼓楼广场、戏台广场等。或者布置在村镇入口处，以起到标志的作用，如水口、村口。

再者就是经营通道的艺术变化。聚落点虽然是一块平面展开的居住地，但人们往往是通过线型街巷来体验其面貌的，高点俯视村镇的三维图像是极个别的视点。这种线型展开的过程可以创造出丰富的艺术变化，几乎没有相同的街巷，因此也就没有相同的村镇。这点可能是由于古代是小农经济的私有社会，聚落由千万个不同的个体民居所组成，又不是同时统一建造，因此形成千差万别的面貌是必然的。联想到今日城镇，因由开发商统一成片建造，标准的住宅格式，类似的艺术处理，必然造成统一有余、变化不足、千人一面的风貌特征。如何改进这一缺点，值得深思。

此外还有一类特殊的聚落，即古代同族集居建筑。这种群体建筑既不是村镇，也不是同姓大宅。而是有防御措施的同族集居的建筑群，包括围堡与土楼。它们同样构成了一种特殊的群体组合与外貌。若与国外的类似建筑相对比，亦有相当多的不同之处。

一、风格统一

建筑风格是由建筑材料、构造方式、生活模式、美学取向等诸多因素综合决定的。每一因素在不同地区、不同村镇皆有不同的表现。如主体材料是用木、用砖、用石、用土，其外观表现皆不相同；由气候、地形、材料所决定的构造方式也不同，可坡顶，可平顶，可用抬梁架，也可用穿斗架，可用平梁密檩，也可用拱券；生活模式对大量民居亦有决定作用，少数民族的小家庭制与汉族家族制的民居不同，农业民族与游牧民族也不同；美学表现的取向亦有很大差别，汉族喜欢雕饰，藏族喜欢彩饰，回族多用砖雕，江南民居用色素雅，闽南民居装饰华丽热烈。正因为形式表现因素的多样性，形成了全国各地丰富多彩的民居建筑风格，这个问题将在下章叙述。

但是对于一个地区或村镇来讲，其建筑风格应该是一致的、类似的、相对稳定的，表现出和谐的风貌。造成这种现象有几方面原因。适应于本地区的建筑材料（地方性的、天然的材料）可以使用较长时期而不变；成熟的地方做法师徒相传，相沿使用；民居的“从众”心理的影响，希望自己的房子能融入群众之中，不愿标新立异。这些原因促成了统一的村镇或街区的面貌。当时的民居可能并没有察觉其美学价值，可是，近代社会以来建筑技术与生活方式突变，城镇乡村面貌不断改造，新旧杂陈，日新月异，在这种再也没有稳定的聚落特色的情况下，反观历史村镇及街区的和谐面貌，却能感受到平和、安定之美。

聚落建筑风格主要决定于民居建筑外观因素，如墙体、屋面、门窗、主体结构等。这些因素的一致性，就产生了风格的统一，其中最重要的因素是屋面形式、墙体材料与建筑高度。如北方民居的灰砖灰瓦、江南民居的白墙灰瓦、闽南民居的红砖红瓦、藏族民居的石墙平顶、西南少数民族的干栏楼居、黄土高原地区的窑洞等。如改变了这些外观因素，就会产生凌乱的感觉。但是社会发展总是以新代旧，不可能固守旧传统不变，如何保持风格的一致性，应该寻找一些途径。笔者认为新的居住建筑应该建设在新区，相对集中，可以形成新的聚落风格。旧区、古村镇内若有历史价值者，可按历史街区的保护原则进行风貌保护，而对区内新建筑则需要限制其外观因素，主要是限制高度、材料颜色与屋面形式三项。若无历史价值者，可做整区的改建。

图 2-1　江苏吴县东山镇陆巷村民居粉墙黛瓦风貌（右上）
图 2-2　安徽黟县西递村民居粉墙黛瓦风貌（右下）

图 2–3　江苏苏州民居粉墙黛瓦风貌（左上）

图 2–4　广东开平三门里广府民居灰墙灰瓦风貌（左中）

图 2–5　陕西韩城党家村民居灰墙灰瓦风貌
（引自《中国美术全集》，左下）

图 2–6　福建泉州民居红墙红瓦风貌（右）

图 2-7 贵州从江高增乡侗族民居木构瓦顶风貌

图 2-8 广西龙胜金竹寨壮族民居木构瓦顶风貌

图 2-9 青海循化庄窠式民居土墙平顶风貌

图 2-10 甘肃夏河拉卜楞寺僧房区土墙平顶风貌

图 2-11　河北邢台路罗镇英谈村全石构民居风貌（左上）
图 2-12　甘肃迭部扎尕那村藏族木瓦房风貌（左下）
图 2-13　云南勐海勐板乡弄养老寨布朗族草顶房民居风貌（右上）
图 2-14　山西临县碛口镇李家山窑洞民居风貌（右下）

二、重点突出

假如以聚落统一的建筑风格作为背景的话，那么增加其美学效果的努力应该侧重追求变化，最直接的方法就是把聚落中的重要建筑突显出来。以城市而言，重点建筑应是宫殿、衙署、寺庙、鼓楼、城楼、会馆、佛塔等体量大的公共建筑；以村镇而言，则是祠堂、乡土庙宇、牌坊、文风塔、桥梁、戏台、寨门等项建筑。这些建筑在体积、规模、高度、装饰上皆超出一般的民居建筑，在居民点的范围内是视觉的亮点。它们因公共使用的性质，故必然布置在冲要之处，如聚落或街区中心、路口、村口等居民经常达到之处。

从景观角度观察，重点建筑的布局应安排在高地或山坡上，从远处即能望见，许多信仰佛教的少数民族村寨皆把佛寺布置在高地上。内地村寨也常把玉皇阁、魁星楼一类的建筑放在堡墙之上。一般县城城墙上的城门楼、谯楼更可算代表地方的标志建筑。选择高地仅是部分村寨才有的条件，大部分聚落布置在平原地区，因此以街巷对景来突显重点建筑的手法更为普遍。在规划方整的城镇街区，鼓楼置在十字街的中心，县衙安排在丁字街的端头。山西、河北一些农村采用鱼骨形巷道布局的堡寨，皆在中轴巷道的北端设置观音殿、玉皇阁一类的建筑作为视线的结束。在一些自由布局的村寨中街巷朝向不一，曲折婉转，同样可以在一段较长的视线廊道的对景处布置重点建筑，这种对景具有突变效果，更觉有趣。

对于一些仅有一个入村通道的较小的聚落，重点建筑放在村口更有观赏效果，如祠堂、庙宇、文风塔等。一般小村落非常重视水口的布置，认为是一村的标志。水口即是全村自然水系的出口，也是入村的进口。这样的小村落虽然没有太多的重点建筑，但也要在水口处布置一些路亭、牌坊、小桥等。或者安排巨大的遮荫古树，作为村民休息、集会之所在。少数民族村寨还在入口处设一寨门，虽无寨墙，也非防御作用，仅作为村庄的标志而已。有些村落在村口设置露天戏台，可供全村人聚集，形成中国特有的乡土景观。

伴随重点建筑的功能使用要求，会在建筑前形成广场式的集会中心，如衙署广场（包括土司）、鼓楼广场、戏台广场、祠堂广场等。衙署广场是宣传政教之所，署门前立有旌善、宣明坊表；鼓楼广场是节日歌舞欢聚之所，尤其是侗族、彝族、苗族等更视节日歌舞欢聚为重要的民俗；戏台广场更是村民聚集娱乐的重要处所，村镇观戏的戏台有的设在庙宇或祠堂内，但面积容量有限，故广场观戏是各地普遍的现象。祠堂在同姓族村中是最有权威的建筑，因此其前部往往也有开阔的空间，显示其威严。广场的平面形式并无定式，随宜而设，一般由民居店铺围合而成。也有一些有创意的广场设计，如四川犍为罗城镇的船形广场，是将街道中部扩大，建造戏台，人们可以在台前广场及两侧空廊中观戏。江南地区往往利用码头前空地与戏台结合，人们可在空地及河道船上观戏。闽粤祠堂前与打谷场及池塘相结合形成水陆广场。少数民族村寨鼓楼前广场不仅是歌舞庆典之处，也是打谷、晒谷的场地。对于小村镇来说，建筑群体的美学创意中重点建筑及其广场空间的经营是非常重要的。

图2–15 陕西韩城西庄镇党家村中远望文风塔（引自《全国重点文物保护单位》，右上）

图2–16 安徽休宁古城岩村口远望文风塔（右下）

图 2-17　云南景洪曼海寨高处的佛寺（左）
图 2-18　河北蔚县北方城土堡中心巷道端的观音堂（右上）
图 2-19　山西平遥城中心市楼（右下）

图 2-20 广西三江座龙寨中心侗族鼓楼（左上）
图 2-21 四川阆中城中心市楼（左下）
图 2-22 贵州从江侗族村寨中心鼓楼（右）

图 2-23　安徽歙县唐模乡村口路亭

图 2-24　浙江武义郭洞村村口桥亭

图 2-25 云南瑞丽畹町乡芒林村村口古榕树

图 2-26 云南大理周城村前大榕树

图 2-27 浙江泰顺泗溪村村口桥亭（左）
图 2-28 广西三江壮族皇朝寨寨门（右）

图 2-29　云南丽江木家祠堂前广场及水池

图 2-30　安徽歙县呈坎村春日大社前广场

图 2-31　广西三江巴团寨侗族鼓楼前广场

图 2-32　贵州雷山苗族明德上寨中心寨坪

图2-33　云南大理周城中央方街集市广场（上）

图2-34　西藏拉萨冲赛康广场（下）

三、通路变化

通路是指村镇、街区的街道、巷弄、河浜、磴道等交通道路，包括有平原地区的陆巷、山区的山巷、河网地区的水巷。通路是村镇、街区的血脉，借助通路才能抵达全村镇，认识全村镇，记忆全村镇，故通路是反映村镇个性的重要载体。通路景观变化有两方面的解释。其一是本身景观的变化，因为通路的景观是呈线型展开的，在运动中产生变化，故具时空艺术的特点，即俗称的步移景异。其二是比较产生的变化，任何通路的景观皆由某些特定的因素构成，各地不尽相同，因此才产生差异性，这种差异放在大范围的时空环境中，可以产生美感。当地当时的人们对自己周围的通路景色并无特别感觉，司空见惯；而异地异时的人们会对他们不熟悉的景色产生新奇感，进而产生美感。

通路的景观是由两侧建筑实体与路面形成的，但在建设实践中这两个因素却有不同的表现，故以构成通路景观的多样性。平原地区的陆巷大多是平直的或微弯的，地面为简单土路、碎石路、卵石路、石板路，其景色的变化主要依靠沿街巷住户的院门及院墙，特别是大户人家的院门。以北京四合院院门为例，有广亮大门、金柱大门、蛮子门、如意门、小门楼、栅栏门、大车门、西洋式门，而且每种门式的规格大小、装饰繁简，装饰特点皆不相同。尤其是大量使用的如意门的砖雕，在布局、题材、雕工等方面的变化甚多，可以说无一例雷同。大宅门前的隔街照壁、上马石、拴马桩、精细的门枕石、华丽的彩绘、廊间墙的雕刻等，皆是街巷景观的重点。皖南村镇街巷中民居的各式贴墙门及其雕刻，祠堂门前的旗杆、石狮、牌坊增添了变化因素；云南白族街巷中的三滴水有厦贴墙大门，各式无厦大门，墙头、山花的贴砖及灰塑等，皆为街巷景观增加看点。在各个传统村寨及街区的巷道中可感受出不同的氛围及景观，实际为一种美的感受。

在大量街巷中还会产生一些有特色的场景。如南方的商业街巷，沿街铺面的门板卸去，敞开的柜台售货，各店的招牌、商旗林立，人气旺盛。多雨地区的商业街巷，沿街设置廊房，行人穿行其中，遮阳避雨，较宽的廊房还可以设桌卖茶，生活气息浓厚。闽粤地区人口密集，许多商业建筑采用竹竿厝式楼房，各店密集联建，底层让出一间，作为人行道，称为骑楼，亦是地方商业街巷的特色。江南地区地少人稠，运输方式以肩担为主，因此出现了许多窄巷，宽不过三尺，仅供人行，巷中高墙耸立，可望一线之天，别有特色。又如南方建筑为了防火，广设封火山墙，在建筑密集的街区内，马头式的山墙层层叠叠，形成街巷的特殊景色。另外，在街巷中还会出现一些小建筑形式，打破冗长的景观，如牌坊、券门、过街楼等。某些建筑也会出现挑楼、挑廊、临街栅窗等。总之，街巷中出现的某些因素虽非有意所为，但客观上增加了景观的变化性。

山区的街巷增加了地形变化的因素，如磴道、平台、栈道、挡土墙等，同时山区建筑亦有变异，如吊脚楼、干栏房、挑楼、挑台等，在山区大量使用当地产的石材，也会造成巷道景观的特殊面貌。

水网地区所组成的河浜通路，亦可称为水巷，利用船舶可以通达沿河的民居、商店、祠堂、会所等处，可以运输买卖生活用品，与陆上的里弄巷道的作用一样。由于水元素的介入，使得水巷的景观丰富许多。因水而设的有船、桥、码头、栏杆；滨水而建的民居有挑台、挑廊、吊脚；

陆地上的建筑有商店、民居、饭馆、茶馆、祠堂、戏台等诸多类型。上述这些内容在江苏吴江县同里、吴县木渎，浙江嘉善县西塘、嘉兴县乌镇等地皆有实例可寻。总括水巷两侧的建筑布置有三种情况：一为建筑夹河而建，水巷只能通船。建筑的主入口在前面的巷道，依河建筑的后立面贴近水面，仅有挑台和各式的私用码头，以备浣洗和停船购物，充分发挥水巷的交通运输功能。苏州城区的一弄一河的布局就是如此安排，主入口在弄，后门临河。一为水巷一侧或两侧有街道，河街并行，水陆协运。这样的街巷都比较宽，可行车马。有的村镇在河与街之间尚有建筑，这些建筑正面临街，背面临河，大都为小型的商业建筑。另外一种情况就是在建筑临街的一面建造连体檐廊，作为有檐的步行街，这也是江南多雨气候条件所自然形成的。廊柱间还设有坐凳。现存南浔、鄞县一带水巷多属此类。

此外为了生活用水的需要，在水源充沛地区往往沿陆巷一侧开凿水渠，引水入户，形成潺潺流水，增添了许多动感。

水巷的景观都是由生活实际需要形成的，有其功能上的合理性，而这些有机的形成，往往成为中国造园的原始素材。

图 2-35 北京南锣鼓巷帽儿胡同巷景（下）

图 2-36 安徽黟县西递村巷景（右）

图 2-37　安徽歙县斗山街小巷巷景（下左）
图 2-38　安徽绩溪棋盘村（石家村）巷景（下右）
图 2-39　广东三水范湖镇大旗头村巷景（右）

图 2–40　福建崇安城村巷景（左）
图 2–41　新疆喀什巷景（右上）
图 2–42　新疆喀什巷景（右下）

图 2-43 安徽黟县南屏村曲巷巷景（下左）
图 2-44 安徽歙县巷道之跨街牌坊（下右）
图 2-45 云南丽江巷景（右上）
图 2-46 贵州贵阳花溪青岩镇曲巷对景（右下）

报名处

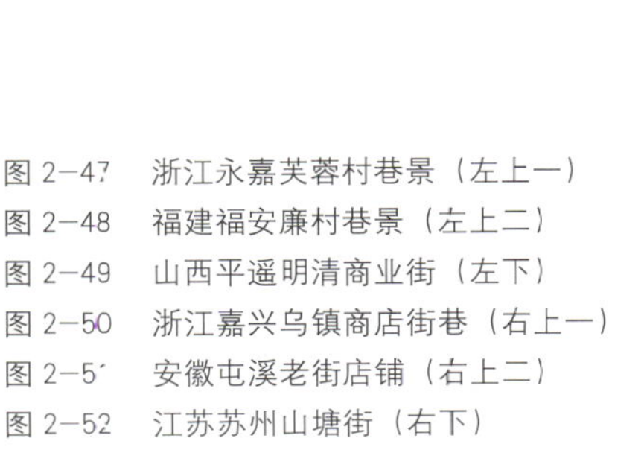

图 2-47　浙江永嘉芙蓉村巷景（左上一）
图 2-48　福建福安廉村巷景（左上二）
图 2-49　山西平遥明清商业街（左下）
图 2-50　浙江嘉兴乌镇商店街巷（右上一）
图 2-51　安徽屯溪老街店铺（右上二）
图 2-52　江苏苏州山塘街（右下）

（对页图）
图 2–54　湖南凤凰山江镇千潭村山区小巷（苗族）（左上）
图 2–55　湖南凤凰山江镇千潭村山区小巷（苗族）（右上）
图 2–56　贵州贵阳花溪镇山村山区小巷（布依族）（左下）
图 2–57　四川石柱西沱镇朝天街（右下）

图 2–53　广东台山骑楼街

图 2-58　河北邢台路罗镇英谈村太行山村小巷

图 2-59　江苏昆山周庄水巷

图 2-60　浙江桐乡乌镇沿河出挑民居

图 2-61 江苏吴江黎里沿河码头

图 2-62 浙江桐乡乌镇沿河出挑民居

16

图 2–63 江苏昆山周庄水巷（左上一）
图 2–64 江苏昆山周庄水巷及拱桥（左上二）
图 2–65 江苏苏州山塘河上游船（左下）
图 2–66 江苏苏州山塘河及桥廊（右下）

图 2-67　江苏苏州山塘河两岸建筑夹河修建

图 2-68　江西婺源李坑村水巷河路并行

图 2-69　江苏昆山周庄水巷河路并行

图 2-70　江苏吴江同里镇水巷与路并行

图 2-71　江苏苏州黎里镇[illegible]两[illegible]设路

图 2–72　湖南岳阳张谷英村临水廊棚（左上）
图 2–73　福建崇安下梅村临水廊棚（左下）
图 2–74　安徽歙县唐模乡水巷廊棚（右上）
图 2–75　江苏吴江黎里镇沿河码头（右下）

图 2-76 安徽黟县西递村巷侧水渠（左）
图 2-77 安徽黟县宏村巷侧水渠（中）
图 2-78 云南丽江巷侧水渠（右）

图 2-79　云南丽江临水民居

图 2-80　云南丽江临水民居

图 2-3　云南丽江临水民居

四、集居建筑

在村镇建筑群体中，有一类特殊建筑，就是集居建筑。它既不是具有村民社会公共生活特点的建筑群体，又不是一家一户的单体民居建筑，它是由于防卫和家族的需要而集体居住在一起的特大型的同族民居，也可说是一种特殊的聚落形态。属于这类民居的有两种类型，一为客家的土楼民居，一为北方为防盗建造的寨堡。客家人由北方逐步迁居南方，现在遍布在赣南、闽西、粤东、台湾，以及东南亚各国。在闽赣地区的客家人为了避免当地人的排斥与侵扰，多建造大房子聚族而居。其形式多种多样，有圆楼、方楼、五凤楼、长方楼，一般皆高三四层，外墙不开窗，顶层设箭窗。内部有大庭院，可设祠堂及各户辅助用房及水井等。造型变化较多，尤以五凤楼及长方楼的形式更为活泼。寨堡的外形较简单，在多座院落式民居的外围建立堡墙，四角设炮楼，远观

图 2-82　福建南靖田螺坑村土楼群

仅为堡墙与炮楼的结合，周围空旷，四野无居，俨然为军事设施。堡内可以是一大户、一族或一村，大小无定。土楼与寨堡皆以其巨大的体量与一般民居形成鲜明的对比，形成景观中的统率因素。假若这些集居建筑是建于山地，高峻的地形亦显其雄大之美。

此外，西南地区羌族村寨中的碉楼和广东开平、台山等华侨所建的碉楼，为国内传统村寨中少见的高层建筑，在村寨景观中起了很大的作用，成为当地的特色。这两种建筑皆为备用防御之用，遇有紧急情况，退守碉楼之内，持久抗敌。羌族碉楼造型简单，平面短小，以高取胜，为了增强立体的刚度，往往做成多角平面，最多可达十三角之多。而广东开平、台山等地侨胞所建的碉楼是从传统的民居平面积高而成，生活房间较多，下层少窗，顶层有楼廊及抱角敌楼射孔（俗称燕子窝）。由于华侨留洋多年，故碉楼多采用各类西洋建筑的细部装饰，成为最早的中西交流的建筑。在广大的传统低矮的民居之中，这种碉楼建筑打破了村寨的平淡舒缓构图，在高度上突显对比效果。

图2-83 福建南靖书洋乡石桥村长源楼客家方楼（清康熙年间建）

图 2-84　广东梅州大埔县湖寮镇龙岗村泰安楼客家围屋（左上）

图 2-85　福建永安市槐南乡洋头村安贞堡客家围屋（引自《全国重点文物保护单位》，左下）

图 2-86　福建永定古竹乡高东村万安楼客家土楼（右上）

图 2-87　山西阳城皇城村陈宅围堡（右下）

图 2-88　福建漳浦赵家堡复原图（下）
图 2-89　四川丹巴梭坡藏寨碉楼群（右）

图 2–90 四川丹巴梭坡藏寨碉楼（下左）
图 2–91 广东开平岘岗镇锦江里瑞石楼（下右）

叁·造型之美

风水书籍中经常提到“千尺为势，百尺为形”的理论，即在远处（300 米左右）观察村落大貌，主要看其气势、环境，而在近处（30 米左右）观察建筑本身，主要看其形态、构图。从视觉审美角度来说，亦是这个道理，在近距离内形态是主要的审美因素。一个建筑物的造型美丑本无绝对标准，是随着环境、技艺及人们的审美心态而变化的。从民居建筑的外在形态因素来考察，它所能引起人们的视觉刺激的，不外乎结构形式、墙体构造、屋面形式、院落空间、立面展示诸多方面，这些方面以不同的组合方式形成各地区的具有特色的民居建筑，这些具有个性的民居建筑造型，正是目前引发旅游热潮的重点因素。

民居建筑造型所以能引发观赏兴趣，与观赏者的内在条件有关。城里人喜欢住农家房屋，过几天农家乐的生活；北方人对南方小桥流水、粉墙黛瓦的民居情有独钟；平原居民认为山区木构的占天不占地干栏式房屋很美；小家庭的城市居民对福建客家聚族而居的大土楼十分惊讶，认为是天方来客；看惯了以砖瓦水泥盖的房子的人对于用土盖的土坯房、土窑洞，用块石、石板瓦盖的全石构的房屋认为不可思议。这种美的欣赏更多成分是对新奇的欣赏，对那些自己不熟悉，没有见过的景观的欣赏，而祖祖辈辈生活在此地的居民并没有新奇感。民居建筑的新奇性主要源于历史和地域因素，有些历史形成的民居由于交通闭塞、经济不发达还保持传统的形式、老的形式，今天已经很少能见到了，昨天的历史成就了今天的新奇。有些具地域特点的民居，如山区、热带地区、多雨地区、干旱地区等地的民居，对于平原温和地区的人们来说同样可带来新奇感。

构成新奇感的民居建筑必有特点，在其空间、构架、色彩、质感方面必有不同表征，就是说必须具有形体特色。这种不同点的根源在于当地居民的生活方式，不同的生活方式决定了不同的空间组织，而空间要求又决定了采用什么样的结构方式，而承重及围护结构形式的选用与创造又决定于所能获得的建筑材料。所以最重要的形式因素是建筑材料，尤其民居建筑是经济型建筑，必须就地取材，而且是天然材料。天然材料本身是千差万别的，所以造成了传统民居建筑丰富多彩的面貌。而现代民居的创建皆是采用国际通用的工业化制造的建筑材料及制品，形式雷同，差异性很小，所以民居个性因素被削弱了。为了补救这个缺陷，今后应大力开发多品种、多形式的建筑材料及制品，为建筑创作提供可靠的条件。

增加民居建筑造型的个性，除了形体特征以外，在院落空间、立面构图及屋面组合亦有不少文章可作。院落是中国民居建筑的特点，即由建筑和院墙围合的空间。院落空间与建筑内部空间相互穿插，彼此渗透，形成中国民居独有的使用方式。院落有大小、封透、高低、分割与串联等不同的组织方法，观赏感受各不相同，同时配以花木、石玩、鱼池、台凳等，充实院落的空间内涵，更具东方特色。立面构图是指建筑整体（包括组合体）的比例配置关系，一般情况下皆争取有序的、可理解的，而在细节上有少许变化的图案配置。屋面组合即泛指由各式屋面、披檐及封火墙形成的建筑三停中头停的变化，这是形成民居个性的很显著的部分，变异是设计中追求的目的。总之，民居建筑在普遍趋同的条件下，如何在上述各方面增加形体的个性（地区个性、民族个性、单体个性）是美学研究的重点。

一、外观独特

在辽阔国土中，由于气候、材料、生活习惯、宗教信仰、生产方式诸多方面的影响，形成各式各样的民居，粗略统计不下六七十种。从空间布局角度可分为六大类：庭院类、单幢类、集居类、移民类、密集类、特殊类。当然这些民居里有的影响范围广泛，有的仅为个别地区使用，建筑数量差别较大。仅就单体建筑的外观特点来分析，亦有多种的归类：以屋顶分有单层坡顶、单层平顶、楼居、穴居（无顶）、帐居（任意顶）的区别，坡顶中以瓦顶居多，但还有草顶、石片顶、竹木顶、泥顶等各种屋面做法。但按墙体分有砖墙、石墙、抹灰墙、夯土墙、土坯墙、木架抹泥（灰）墙、井干木墙、木板墙、编席墙等不同材质。若按结构分有木结构、拱券构、石梁构、篷架构、拉索构等不同结构形式。有些分类是相互交叉的，木构坡顶房可以是瓦顶，也可以是草顶，墙体是砖墙，也可是土坯墙，因此单从某项因素分析皆不满意。从欣赏者角度看民居建筑外观，是看其综合效果，即在各种因素构成下形成的较独特的面貌、面相，这种面相是由外观上占主导的材料及形状所形成的，因此能引起视觉的兴趣。特别是与现代的住居形状相比较，显现出历史的、地域的、生态的诸多特色，是我们所不能经常看到的景观。从这个思路出发，可以将传统民居的形体特色归纳为砖构相、砌石相、木构相、粉灰相、土造相、竹草相、篷帐相、洋风相等数类。

砖构相民居的外墙大部分为灰砖砌体，多用于北方寒冷地区。墙较厚，对外开窗少或不开窗，庭院式民居的院子比较宽大，北方地区一般用双坡瓦顶，喜欢用少量的砖石雕。形象较朴实壮伟。整体颜色为灰色调，体量较厚重。属于这类的有北京四合院、晋中民居、辽宁民居、山东民居、河南民居、陕西关中地区民居等。

广东广府民居在清代以来由木构转为砖墙承重的砖木混合结构，体量较小，外墙为灰砖墙，开小窗，内厅为敞厅式，以取得阴凉的效果，双坡瓦顶，外观简素，外墙及屋脊喜欢用灰塑，墙顶用镬耳墙及人字墙，墙尖装饰着宽大的垂带及梦花是其地域特点。

闽南民居皆用当地生产的红砖红瓦，颜色鲜艳，配以青白石饰件。部分木构外露，细饰红漆并贴金。外檐所用雕刻较多。形体较为华丽，艺术气氛热烈，体形变化较多，具有外向张扬的性格，整体色调为红暖色调。

砌石相民居多应用在缺土少木的山区，当地百姓最大限度地利用石材作为建筑的围护结构，采用各种砌法，以求坚固。有些地区还可用石材作为梁枋，用石板作为屋面材料，更加深了石材在外观上的印象。

藏式碉房为石墙平顶建筑，毛石砌筑的外墙有收分，门口有彩绘藏式木制门罩，黑色梯形窗套，外墙为原石或刷白浆，萨迦地区藏居刷蓝色浆。藏族民居多依山就势，建造多层房屋，气势雄伟，具有粗犷、雄浑之美，与山峦同色。四川藏居因受汉族及回族的影响，在碉房中木制构造增多，如挑楼、门廊、木窗、部分坡屋顶等。而甘肃藏居则更接近汉居，仅存有若干藏居的符号。四川羌族民居亦为石碉房式样，尤以高耸的防御性碉楼著名。

其他地区亦有石头房，如贵州镇宁布依族石头寨、太行山区石头房、福建惠安石头房、山东荣成沿海的海草房，都是利用天然石材作为墙体及房面瓦材的民居建筑。惠安石头房还有石梁、石楼板，是完全的石头房。这些房子墙体厚实，开窗较小，纯朴自然，因材而用，极少装饰，与天地和谐一致，产生一种自然之美。

木构相的民居多通行西南地区，因气候湿热，故外围护皆为轻薄材料，如木板、竹笆或竹笆抹灰墙等，民居的木结构杆件完全外露，产生一种轻快、有序的结构。西南地区少数民族居住的干栏式建筑即属此类，因为地面潮湿故这类房屋柱脚落地，上架楼屋，并随地势增减开间，灵活自由。这类房屋没有什么附加的装饰，不加油饰，尽显天然本色，具有原始的生态美及结构美。

川、鄂、湘、贵一带多使用穿斗架式结构。因地区气候温和，故山墙结构外露，仅在木构件的间隙填充抹灰粉壁，极明显地衬托出穿斗架的结构式样，同样产生出结构的韵律美，是木构相民居的一种表现。

西南和东北山区存在的井干式民居，亦为木构相之类。因其墙壁是由原木十字相垒而成，类似古代井栏，故名。现在这类房屋很少见了，仅存在森林茂密地区，如大兴安岭林区、西南云贵林区等地，因其稀少而显珍贵。

粉灰相民居的外墙大部分为白灰抹面墙，灰白色调占主要观赏成分。因为这些地区多雨，为了防止空斗砖或土坯墙淋雨内渗，影响坚固及保温，故必须在墙外皮抹面，而古代最好的防水抹面材料为白灰。同时这些地区为防止火灾延烧，皆将山墙提高，砌过屋面，以阻火势。而且封火墙顶做成两种款式，极具地方特色。"粉墙、黛瓦、马头墙"成为这类民居的普遍风格。这类民居的木结构较为轻快，装饰雕刻多，有极丰富的内檐装修，是古代民居中最有文化品位的建筑美学典范，后边装修一章中所选实例大部分是这类民居。属于这类民居的有苏州民居、皖南民居、东阳民居、白族民居等。白族民居不仅大量应用粉墙，还采用了灰色贴面砖的墙面，组成各种美丽的图案，进一步丰富了建筑造型。外观沉稳，又略带活泼，在粉灰相民居中是最有变化情趣的一种。

土造相民居的外墙多为黄土构造，如土坯墙、夯土墙。多应用在干旱少雨、缺少木材的地区。如陕西黄土高原、南疆地区、吐鲁番地区。当然内地某些简陋的民居亦采用土墙，可以说黄土是最原始的建筑材料，也是最便宜的材料。属于土造相的民居有西北地区的庄窠、云南土掌房、南疆维吾尔族民居、北疆吐鲁番民居等。庄窠民居的夯土外墙皆高过屋顶，以防西北地区的狂风，而且屋面亦为土泥平顶，外观完全与黄土大地一色。其内檐比较重视门窗棂格及梁檩雕刻，具有一定的艺术追求。

云南土掌房是哈尼族民居的主要形式，夯土墙，木梁柱平顶结构，泥土屋面，外观完全是土造形象。其美学的特色在于其因山布置，层层递上。同时其贮粮小屋为草顶蘑菇形，带来不少变化。

南疆维吾尔族民居的外墙亦为土墙，内部为平梁密檩的平顶结构。席地而居，内檐有丰富的石膏花饰及夏日聚会的前廊。其艺术魅力深藏于内部。北疆吐鲁番缺少木材，故使用了部分土拱结构，其外观黄土的成分更多，仅采用了一些土坯砖垒制的花墙及模印的土墙花饰，没有其他更多的装饰。

真正的土造相民居应该说是土窑洞，它完全是在黄土坎上挖出的横穴洞，没有外观，仅显出洞口的窑脸，远观与黄土塬混成一片。唯一的人工加工面貌仅显示在窑脸周边的券框及窗格的安排上。当然还有一些在平地上以砖石垒砌的砖窑洞，称为锢窑，其面貌已显为砖石相了。

还有一类特殊的土造相民居就是福建土楼。它是外围为夯土墙，内部为木构架的三四层楼高的集居大建筑。完全为了防御的需要才用厚达 1 米以上的夯土墙作为外墙，外观雄伟高大。朴实无华。福建土楼以其人工夯土成造的规模与气势来赢得观者的震撼感觉。

竹草相民居多应用在气候温热地区，生活要求简单的民族地区，以竹材为架，草叶庇荫，作为居住用房。因其用绑扎的结构方法组成构架，施工灵活，可形成多种式样的屋顶。所以多变的屋面形式及简朴的建筑构造是竹草相民居的艺术特色。属于这类民居的有云南地区的傣族、德昂族、景颇族、佤族、独龙族、傈僳族等民族民居。

篷帐相是游牧民族的民居形式，包括有毡包或帐房两种，可随时拆卸转移，随水草而移居。毡包又称蒙古包，是蒙古族和哈萨克族主要的民居形式，其美学特点在于白色的圆包星罗棋布在碧绿的草原上，白色的云朵漂浮在蓝天之上，构成一幅幅美妙的图景。帐房是简易的支拉结构的帐篷，作为聚会或临时居住用。帐房的篷布一般为毛毡，但也有的夏日帐房是布料，帐布上的花纹与图案色彩更为丰富，构成草原上美丽的点缀物。

洋风相民居是近代以来，民居受新建筑材料的产生及生活方式的改变等影响而形成的过渡性的民居。这类民居除了更多使用砖石建造外，已经开始使用钢筋水泥，外墙添加水泥塑造的仿石构件。华侨在南洋事业有成，回乡建房，又带来许多南洋、欧陆的建筑处理手法，形成带有西洋装饰风格的民居。这类民居集中表现在接触国外较早的广东沿海地区，如庐居、五邑地区的碉楼，珠江三角洲的骑楼与竹竿厝等民居形式皆属此类。庐居与碉楼采用楼房形式是传统民居的突破。庐居民居很注意正面山墙的变化以及门罩、凹廊的处理。碉楼的装饰重点在顶层，一般顶层皆有出挑，做成平台或周廊四角有射击用的角楼。细部上有希腊、罗马、拜占庭等各种风格的柱饰或拱券。而竹竿厝是一种单间联排建造的三四层楼房，下为骑楼式的人行通道，临街仅一面外露，故其建筑处理皆集中在临街的阳台、窗户的开设与山尖的处理上，每间（每户）皆不一样，形成统一中的无限变化，同样构成了变异之美。

图 3-1　北京门头沟区斋堂镇爨底下村灰墙灰瓦民居（右上）
图 3-2　河南巩义康百万庄园灰墙灰瓦民居（右下）

图 3-3　江苏淮安周恩来故居灰墙灰瓦民居

图 3-4　山西灵石静升村王家大院灰墙灰瓦民居

图 3-5　山东潍坊[illegible]居

图 3-6　江苏徐州崔[illegible]

图 3-7　广东汕头潮阳区铜盂镇胜前村白墙红瓦民居（引自《汕头建筑》，左上）
图 3-8　福建南安官桥乡漳里村蔡氏祖宅红墙红瓦民居（左中）
图 3-9　西藏山南扎囊朗色林庄园（引自《中国美术全集》，左下）
图 3-10　四川康定新都桥木雅藏族民居（下）

图 3-11　四川康定八美镇木雅藏族民居（下）
图 3-12　四川丹巴梭坡藏寨民居（右）

图 3-13　西藏萨迦藏族民居（左上）
图 3-14　四川丹巴梭坡藏寨藏族民居（左下）
图 3-15　西藏林芝藏族民居（右上）
图 3-16　四川理县桃坪羌寨民居（右下）

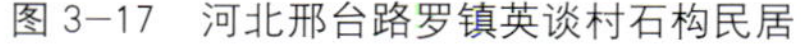

图 3-17　河北邢台路罗镇英谈村石构民居

图 3-18　贵州贵阳花溪青岩镇燕楼村石构民居

图 3-20　广西三江独洞乡八协寨侗族民居

图 3-19　云南景洪曼龙匡寨傣族民居

图 3-21　湖南永顺颗砂村土家族民居

图 3-22　广西龙胜金竹寨壮族民居

图 3-23　浙江永嘉林坑村民居（下）
图 3-24　四川自贡民居（右上）
图 3-25　四川广安协兴镇邓小平故居（右中）
图 3-26　浙江永嘉上岩头村民居（右下）

图 3-27　四川乾宁惠远寺喇嘛住宅（井干式木构）

图 3-28　新疆布尔津喀纳斯湖畔图瓦人木屋（井干式木构）

图 3-29　江西婺源下三起村民居

图 3-30　安徽黟县南屏村民居

图 3-31　浙江东阳水阁庄叶宅效果图
图 3-32　江西婺源上晓起村民居

图 3-33　浙江杭州中天竺[illegible]家[illegible]宅效果图

图 3-34　福建安溪民居

图 3-35 浙江上虞绍兴之间的民居效果图

图 3-36 青海互助三十乡土观村土族庄窠民居

图 3-37　内蒙古呼和浩特四子王旗土民民居

图 3-38　青海互助五十乡土观村土族庄窠民居

图 3-39 云南元江土掌房村寨

图 3-40 云南元江哈尼族土掌房

图 3-41 新疆吐鲁番吐峪沟村民居

图 3-42 新疆吐鲁番吐峪沟村民居

图 3-43　山西五台窑洞民居

图 3-44　山西平陆张店侯[illegible]院

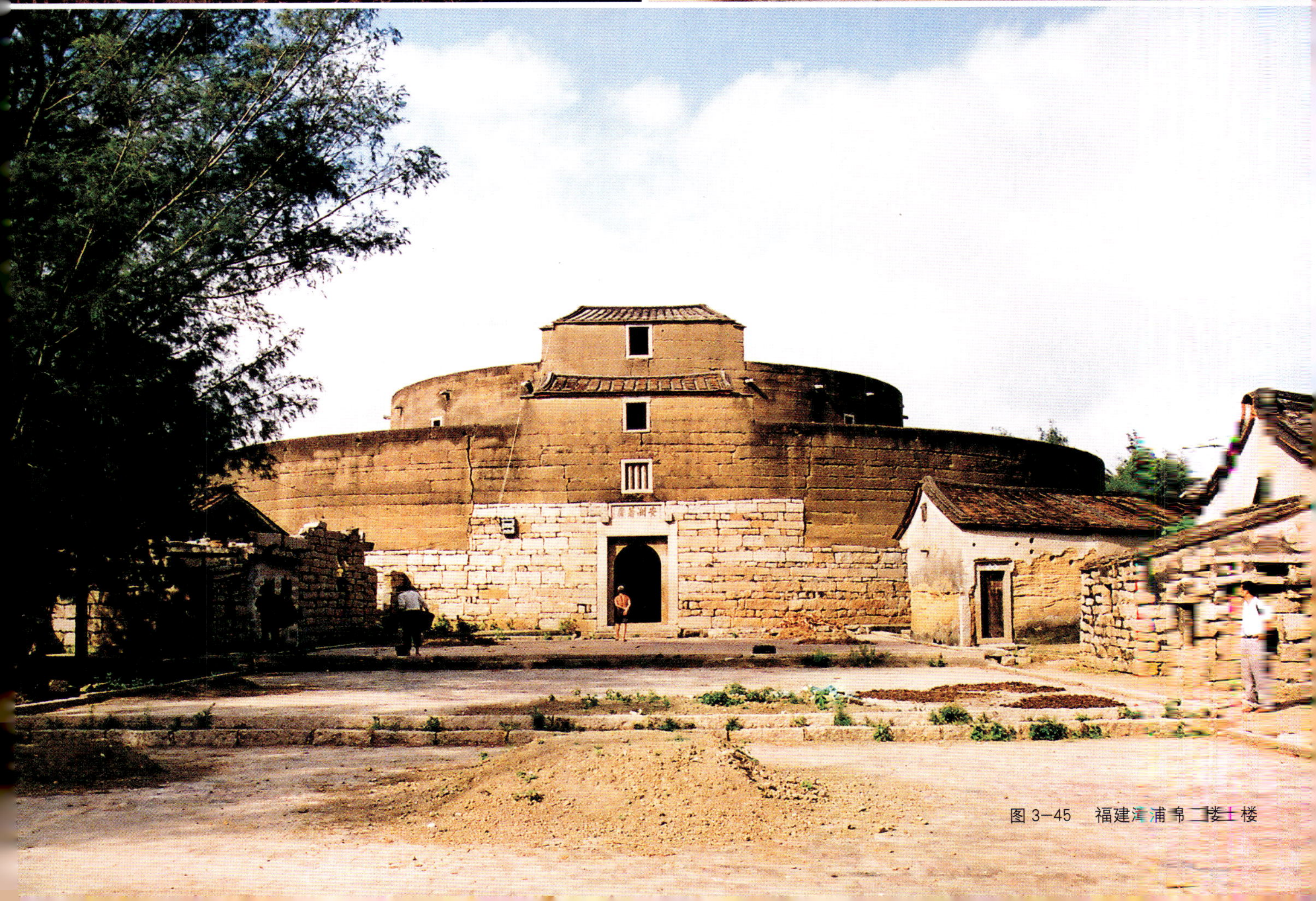

图 3-45　福建漳浦[illegible]楼土楼

图 3-46 福建永定古竹乡高北村承启楼

图 3-47 云南景洪曼龙匡寨傣族草顶民居

图 3-48　云南景洪曼海寨傣族草顶民居

图 3-49　云南孟连景信乡贺恩寨佤族草顶民居

图 3-50　台湾南投日月潭九族村排湾族民居（左上一）
图 3-51　台湾南投日月潭九族村排湾族谷仓（左上二）
图 3-52　云南勐海勐板乡入勐垒寨布朗族草顶民居（左下）
图 3-53　内蒙古呼和浩特四子王旗格根塔拉草原蒙古包（右上）
图 3-54　新疆布尔津哈萨克族毡包（右下）

图 3-55　新疆布尔津哈萨克族毡包内景

图 3-56　内蒙古呼和浩特四子王旗格根塔拉草原蒙古包军帐

图 3-57　青海湟中青海湖畔[illegible]帐[illegible]

图 3-58　青海湟中青海湖畔藏民夏日帐房

图 3–59　四川康定七色湖藏民夏日帐房

图 3–60　广东开平锦江里碉楼群

图 3-61　广东开平蚬岗镇锦[illegible]石楼

图 3-62　广东[illegible]楼群

图 3–63　广东开平塘口镇赓华村立园庐居

图 3–64　广东台山骑楼竹竿厝式商住两用民居

图 3-65　广东台山某村庐居

图 3-66　广东梅州某庐居

图 3-67　广东开平赤坎镇骑楼竹竿厝式商住两用民居

二、庭院多样

以木构平房为主体的中国传统民居的空间组合，有着独特神韵与规律，与砖石体系的西欧民居不同，与拱券体系的中东民居不同，就是与类似中国的，同样为木构建筑的日本民居也不相同。国外的民居喜欢将生活使用的各类房间集中在一起，形成统一的体量。而中国民居（包括宫殿、庙宇等）则是将各类房间分散布置，形成院落式的群体布局，其所围合的室外空间同样也是生活使用空间，灵活自由。那么，什么是中国民居空间的显著特色呢？笔者认为组织庭院，安排轴线，重复定式是中国民居建筑中经常运用的三项构图规律，并取得了独特的效果。

稍具规模的中国民居的各座建筑皆按中轴对称式进行排列，假如各进建筑的门、屏皆开启的话，可以一望到底。更大型的建筑可以采用多条并行的轴线，或者主轴副轴相互垂直布置。形成轴线布局的因素是多方面的。在思想方面，儒家倡导中庸思想，“用中为常道”，轴线布局调和了高低、左右、大小的差别，达到和谐、平衡、统一的效果。在制度方面，古代中国是封建集权制国家，等级制、一长制是其特色，家庭中就是家长制。中轴线代表了权力中心，同时按传统观念，前为轻、后为重，左为上、右为下，中为主、侧为辅，以此安排家庭成员，理顺次序，所以轴线布局使用了数千年。

所谓重复定式现象即是指一轴布局形式在某一地区被反复地使用，大同小异，甚至形成当地民居的标准形制。还有一种情况就是在某些规模巨大的民居中，用一种组合定式反复运用，形成规模。产生这种现象的原因有二：一为大量民居为民间工匠所建，师徒传承，注重技艺，但求合规，缺少创新；二为业主的观念以求同为美，求异为怪，希望复制成熟的民居建筑，至今新农村建设中仍有这种现象。重复也带来了好处，可以解决民间大规模的民居设计与建造问题，同时造就了城镇村落一致性的面貌。

安排轴线与重复定式的运用对建筑群的统一与和谐起了重要的作用，民居建筑成为大地的人工背景，突显寺观、殿堂、城楼、杰阁的高耸伟岸，高贵华丽，主次分明，突出重点。但是就民居本身的美学角度来看，统一中求变化的要求则主要表现在庭院空间的处理上。

中国绝大多数的民居皆是以建筑围合成院落的形态出现，庭院也是生活使用空间。在庭院中可以安排生产、起居、用餐、休闲、储藏、晾晒等多项用途，与建筑的室内空间共同组成统一的使用空间。即使小户人家的房间不多，也要用围墙界定出院子，组成一合院、两合院等。庭院可以维护家庭的私密性，在街巷中只能见到院门与墙，不能窥见住宅内部。同时庭院式布局具有灵活的适应力，可适应不同家庭规模、不同地形、不同气候地区的民居建造。故庭院是中国民居有别于西方民居的一项重要特色。西方民居注重室内空间的组织，在一幢建筑内安排所有的生活内容，外部空间仅作为花园使用，所以不会出现建筑围合的私密的庭院空间。

在组织庭院空间的过程中，由于布局的不同，建筑形式的不同，会产生许多不同的庭院形式。为了完成室内外空间的过渡会产生各类的中介空间，如廊、庑、避弄等。每个庭院都会采取各种办法来强调本庭院的视觉中心，增强轴线感。同时每个庭院都会增加一些必要的配属物，以完善庭院的使用功能及美学价值。这些措施极大地丰富了民居庭院的表现力，使得民居庭院的形态匠心独具，各有千秋。

传统民居的庭院形式是多样的。最多见的是方形或矩形的规整庭院。其尺度一般为三间房屋的宽度，这是受封建社会建筑等级制度的约束，即民间房屋每幢不可越过“三间五架”的规定。

若以檐高3米来衡量，院子宽度10米余，其所形成的空间感觉还是比较舒畅的。在东北地区也有宽达五间至七间的大院子。而在南方由于遮阳的需要，院子可缩小为一间的宽度。

庭院的平面形状随其所在位置而有所不同。主院即厅堂院，是由主要房屋构成的院落，一般较为方整，是家庭主要生活使用的处所，也是美观考虑较多的院落。富裕人家可设围廊，串联各向房屋。而在晋陕地区喜欢用纵长的窄院，这与地方习惯有关。窄院民居的各建筑间为独立建筑，很少设置抄手廊子。倒座院，即入口附近的院子，多为横长矩形，为过渡性空间。天井院，是指南方地区四水归堂式、厅井式民居的庭院，四面为建筑包围，仅约4～5米见方的庭院，院内绝少阳光，夏季阴凉适人。带状天井院，即上述民居在后院或侧面形成的窄长条状院，仅为采光、通气之需要而设置，美学上无要求。眼状天井，是在厅堂后部与封火墙之间形成的绝小的空间，仅为采光之需要而设。角院，即在合院的四角或偏旁形成方形小院，可点缀花木、赏石，静雅宜人。台地院，在某地形高差较大地区的四合院，往往在院中设台，正房、厢房在不同的标高上，空间构成许多变化。偏院，在多轴线的大宅中，主轴以外的侧轴往往面宽较小，安排成一合院或两合院，称为偏院。建筑内容多为花厅或书房，或小姐居室，院中花木较多，以观景欣赏为主。厝巷院，福建地区大宅布局多是三堂两横护厝式，即中轴三堂为起居聚会之所，两侧的护厝屋为居住用房。护厝与三堂之间形成窄长的厝巷，为了避免空间过长，而在其间加设数道花墙，形成一系列的厝巷院，层层递进，是其特点。楼院，在有些地区民居为二至三层的房屋，如晋东南民居、白族民居，其二层房屋多设楼廊，以便联系，所以楼层栏杆及披檐就成为楼院的特色。至于福建客家土楼民居所形成的圆形、方形供集体使用的大院落，可算作特殊形态。上述诸种形态的庭院，其空间感觉皆不相同，敞幽、宽窄、高低各有特点。作为民居建筑的主庭院，由于院落四周围合物的不同，也会产生相异的感觉。院周建筑为砖构建筑，则空间感觉为坚实、独立的品格；如为木构则显柔和、融汇的品格；若为带廊的建筑则显空透、变化的品格；若围合建筑增加雕饰及门罩、抱厦、廊轩等艺术处理，则显现出华美、活泼的品格。尤其在大型民居中将诸多庭院相互串联，产生了时空的变化，其艺术感受更有所不同。

中国民居是单幢房屋组成的，在雨雪天气下，各房屋间的交通则需要中介空间——廊子、甬巷来联系。廊子是庭院空间的必要补充与完善。廊子有许多形式。房屋前檐伸出一步架，形成露明的檐廊，这是全国各地民居的通用手法。云南白族民居的檐廊非常宽，可作为生活操作的空间，遮阳避雨，非常实用。房屋之间的廊子称游廊，北京四合院更进一步将正房厢房之间的拐角廊称穿山游廊，垂花门与厢房间的拐角廊称抄手游廊，这样可以将房屋四周的建筑完全统合在一起。有的庭院过大，中间以廊子分隔，似隔非断，庭院空间相续，称为空廊。这种空廊仅在祠堂或超大型民居中出现。正厅与次厅的中央明间相连的廊子称通廊。南方一些楼居的民居如苏州、四川、大理等地，为了使上层房间互相串通，而设置围绕院落的跑马廊，成为架空的通道。苏州一带在中央轴线各厅房的山墙外设带屋顶的交通道，称为避弄，实际也为廊子。维族民居的夏室，即在室外设一宽廊，席地坐卧，亦为廊子的一体变体。维族民居演化为楼房民居以后，其楼廊产生了栏杆、券状挂落等围护装置，更增加了形式上的变化。廊子作为室内外空间的中介物，以它的空透性、曲折性、光影变化，形体变化给庭院围合空间增加许多变数。

强调庭院的视觉重点是美化庭院空间、增强院落轴线感的重要举措。重点装饰对象往往设在正房立面及对面的二门或照壁墙上，使庭院的正视与反视皆有归属。正房（或正厅）立面设计的主要手段是增加外檐装修，即门窗棂格、裙板雕刻的美学装饰效果，清代末期以来这种趋势更为明显，外檐装修成为区分不同住宅庭院空间特色的主要因素。有关内容将在“装修之美”一章中详述。除装修以外，在立面设计中增加凹廊、抱厦、门罩亦是常用的手法。凹廊亦称凹斗廊，西北回族民居亦称之为“虎抱头”，凹廊不仅可增加中介空间，而且延长了装修的展开面，增深了廊下阴影，为立面的丰富性带来变化因素。凹廊若是负空间，则抱厦则是正空间，在正房明间之外增加一个亭式廊轩，成为明间入口的过渡，强调了正厅房的重要性。门罩是在明间入口的上方的出挑的小屋顶，有简单的防雨作用，但更重要的是美化入口，在山西、山东、河南等地民居以砖墙为外檐的情况下，各式门罩是装饰立面很好的办法。在南方厅井式民居的正房明间往往作为敞厅，没有门窗，也无设门罩的必要，因此其美化的目标转向木构梁枋及挑木的雕刻方面，一般将明间的额枋加粗，称为“过海梁”，上雕包袱式图案，其中某些精细的图案甚至包括人物戏出的内容。若为楼房，则在上层出挑的美人靠栏板、望柱及支撑的挑木等处进行精细雕琢。以精雕细刻的功夫活，吸引观者驻足欣赏。庭院的反视面一般由二门为主体进行装饰，北京四合院为华丽的垂花门，苏州民居为精雕的石库门楼，山西大院多为各式的牌楼门。在天井式民居庭院的对面往往设置凸出的抱厦，以为视点。在三坊一照壁的民居庭院中，着意装饰照壁，包括增加雕饰，丰富墙顶，设置花窗，装饰墙门等。总之，尽量增加庭院反视的内容。

庭院内的配属物对空间环境的面貌起到点缀作用，充实了庭院的内涵。如院中设置花架、凉棚、水池、鱼缸、花台、石凳等都会改善环境的氛围，并调节了小气候。尤其在院内种植观花观叶的树木，带有花园的活泼特质。假如有一两棵参天古树，碧荫铺地，枝叶冲天，使庭院顿增古老的历史情怀。

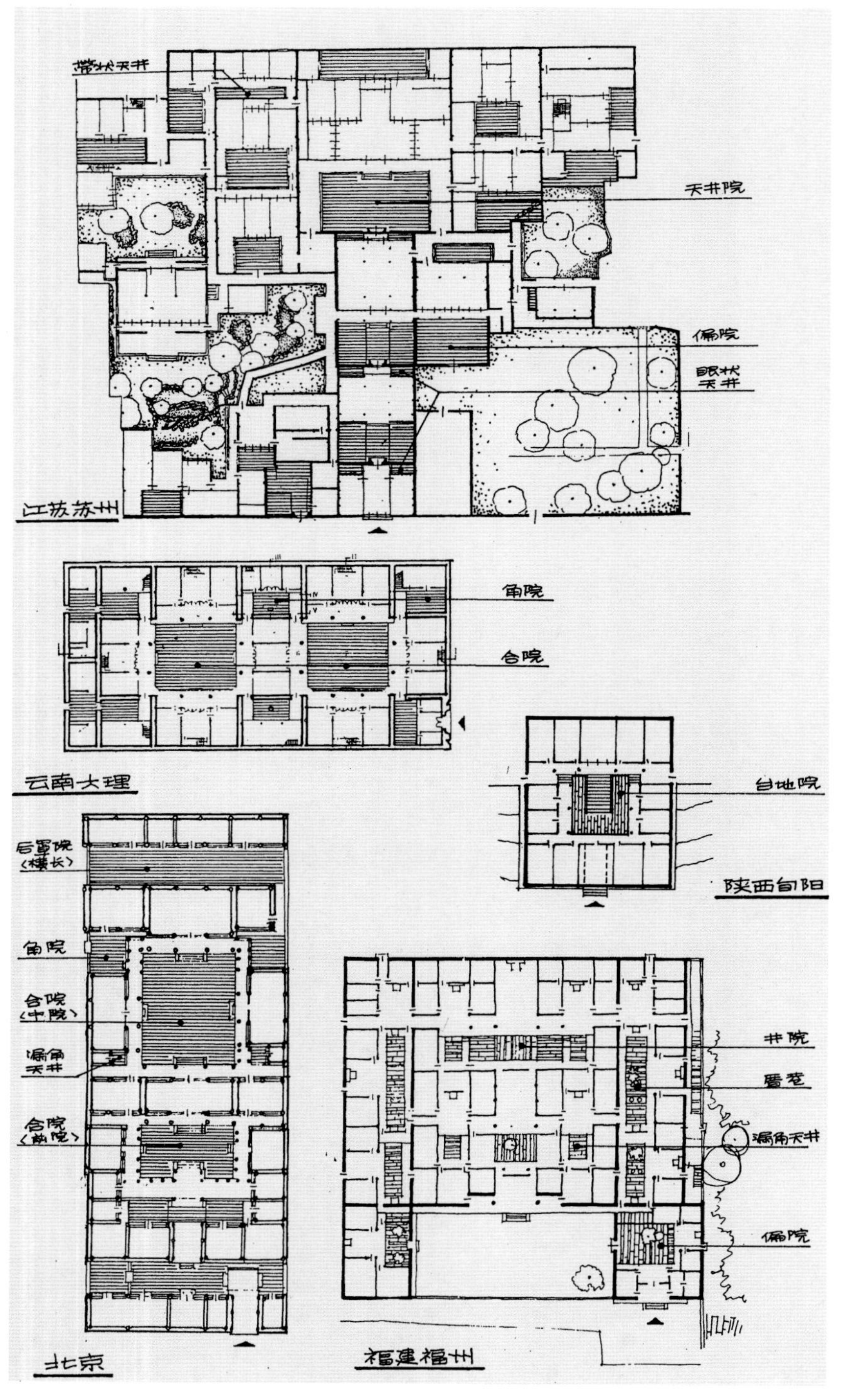

图 3-68　各地民居院落形态图（左）

图 3-69　北京某宅主庭院（右上）

图 3-70　辽宁沈阳张作霖帅府五间宽的二进客厅院（右下）

图 3-71 辽宁辽阳某大宅正厅前五间宽的大庭院（上）
图 3-72 浙江东阳卢宅肃雍堂过厅前大庭院（下）

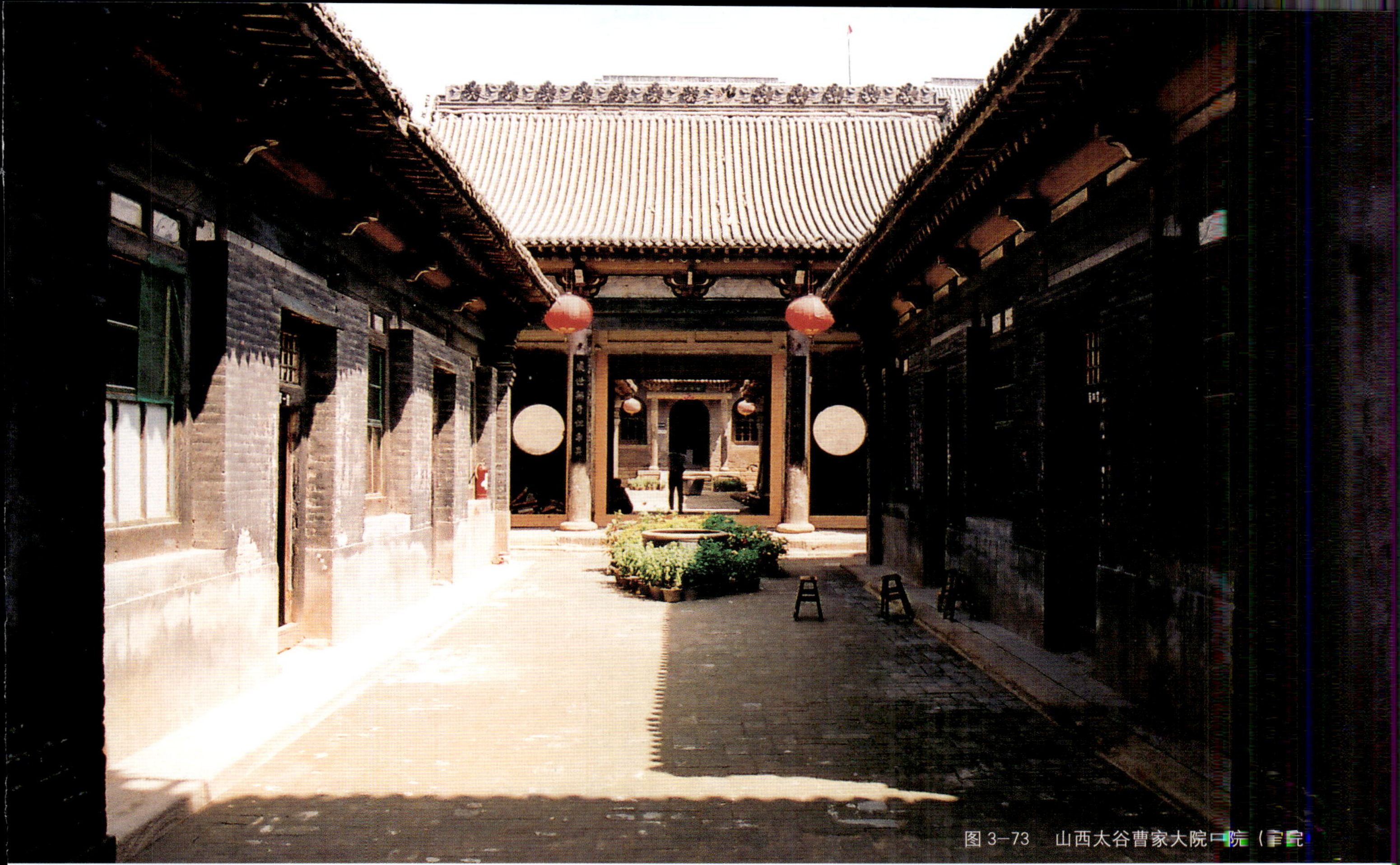

图 3-73 山西太谷曹家大院[illegible]院（[illegible]）

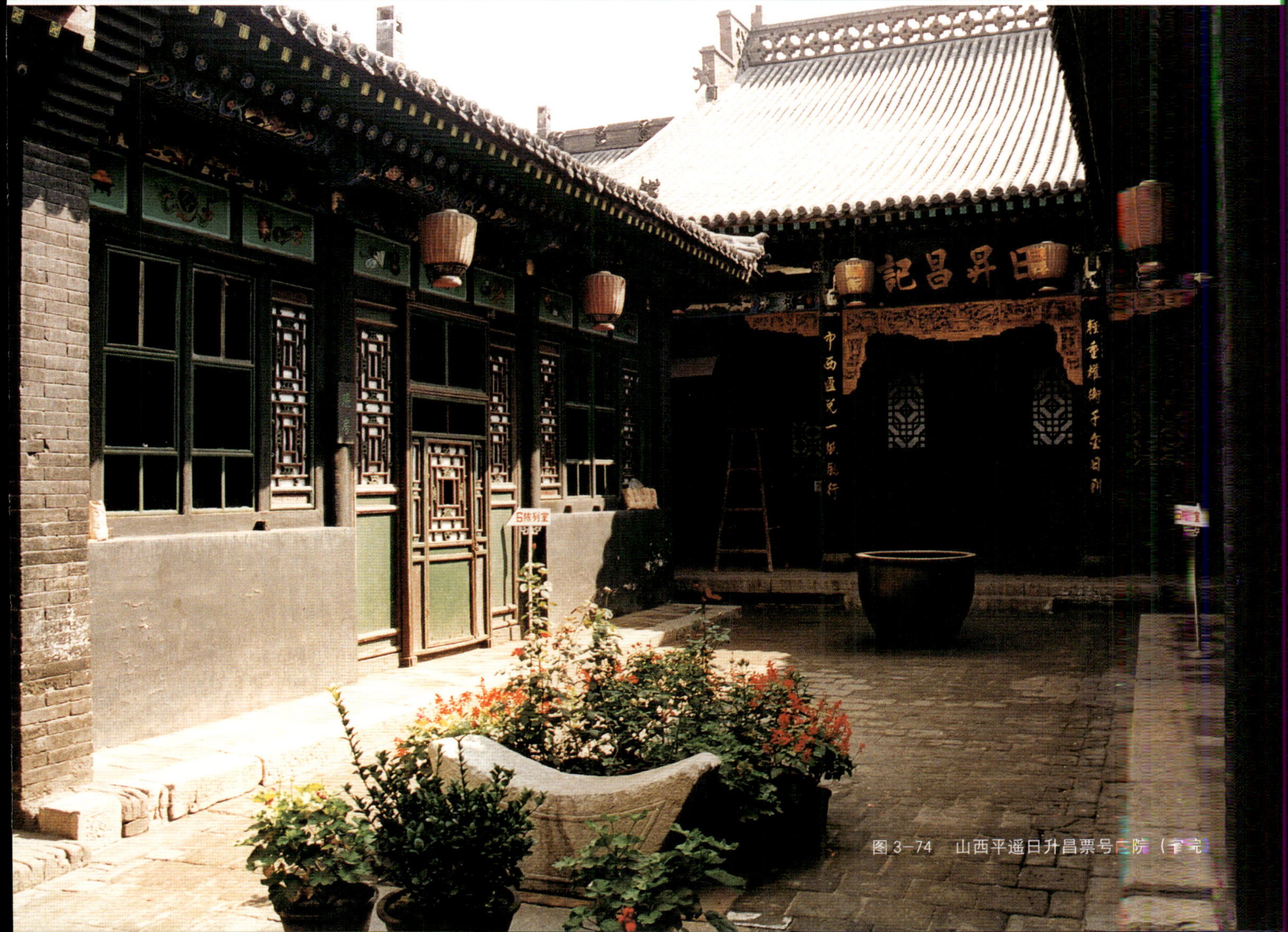

图 3-74 山西平遥日升昌票号[illegible]院（[illegible]）

图 3-75　北京四合院住宅前倒座院（上）
图 3-76　河南巩义康百万庄园前倒座院（中）
图 3-77　河南巩义康百万庄园偏院（下）

（对页图）
图 3-78　安徽歙县潜口民宅罗小明宅前天井院（左上）
图 3-79　安徽歙县呈坎村某宅天井院（右上）
图 3-80　四川潼南双江镇杨闇公故居天井院（下）

图 3–81　广东梅州禄华居的厝巷院

图 3–82　江苏苏州虎丘某宅角院

图 3–84　山西阳城皇城村民居楼院

图 3–85　江苏苏州东山春在楼跑马廊楼院

图 3-83　福建永定高陂乡大塘角村大云窝晋巷院

图 3-86　西藏拉萨哲蚌寺喇嘛住宅楼院（引自《西藏古迹》）

图 3-87　福建华安仙都乡大地村二宜楼圆形院

图 3-88　福建南靖书洋乡石桥村福裕楼环形院

图 3–89　北京东城礼士胡同某宅抄手游廊（引自《中国古建筑大系》，左上）
图 3–90　北京圆恩街寺某宅穿山游廊（引自《中国美术全集》，右上）
图 3–91　山西灵石静升村王家大院凝瑞居前院檐廊（下）

图 3-92　广东广州陈家祠空廊

图 3-93　安徽歙县潜口曹氏民宅门厅庭院围廊

图 3-95　四川汇安夕佳山黄氏民宅的通廊

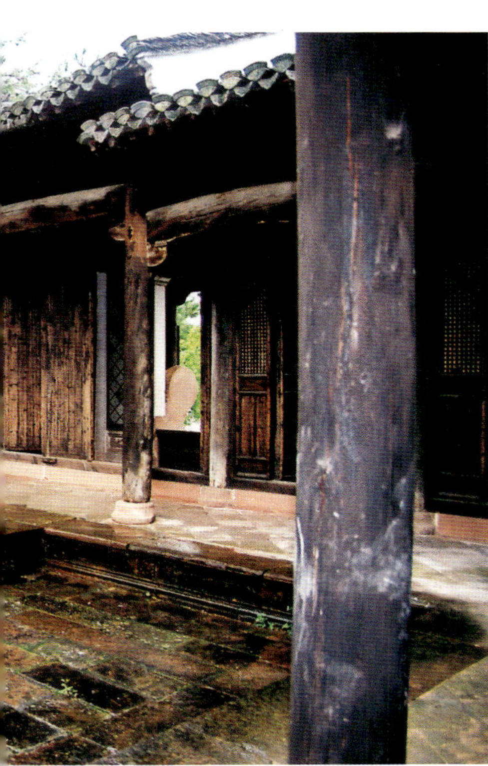

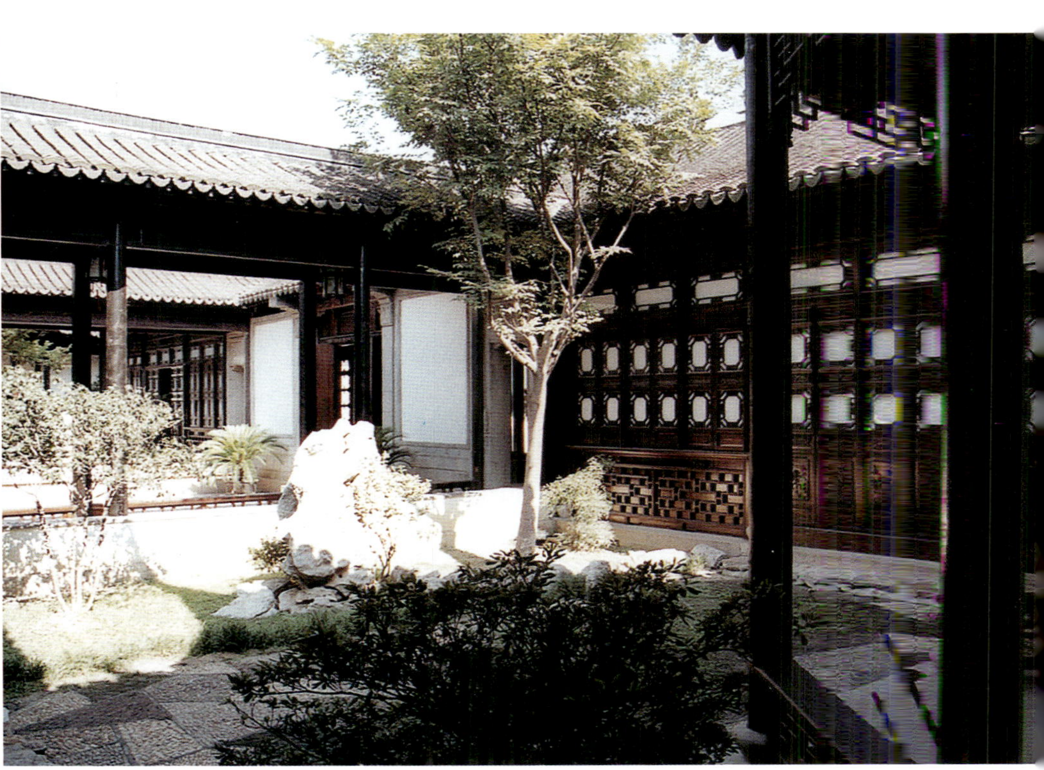

图 3-94　江苏无锡薛福成故居内宅空廊

图 3-96　江苏无锡薛福成故居的走马廊

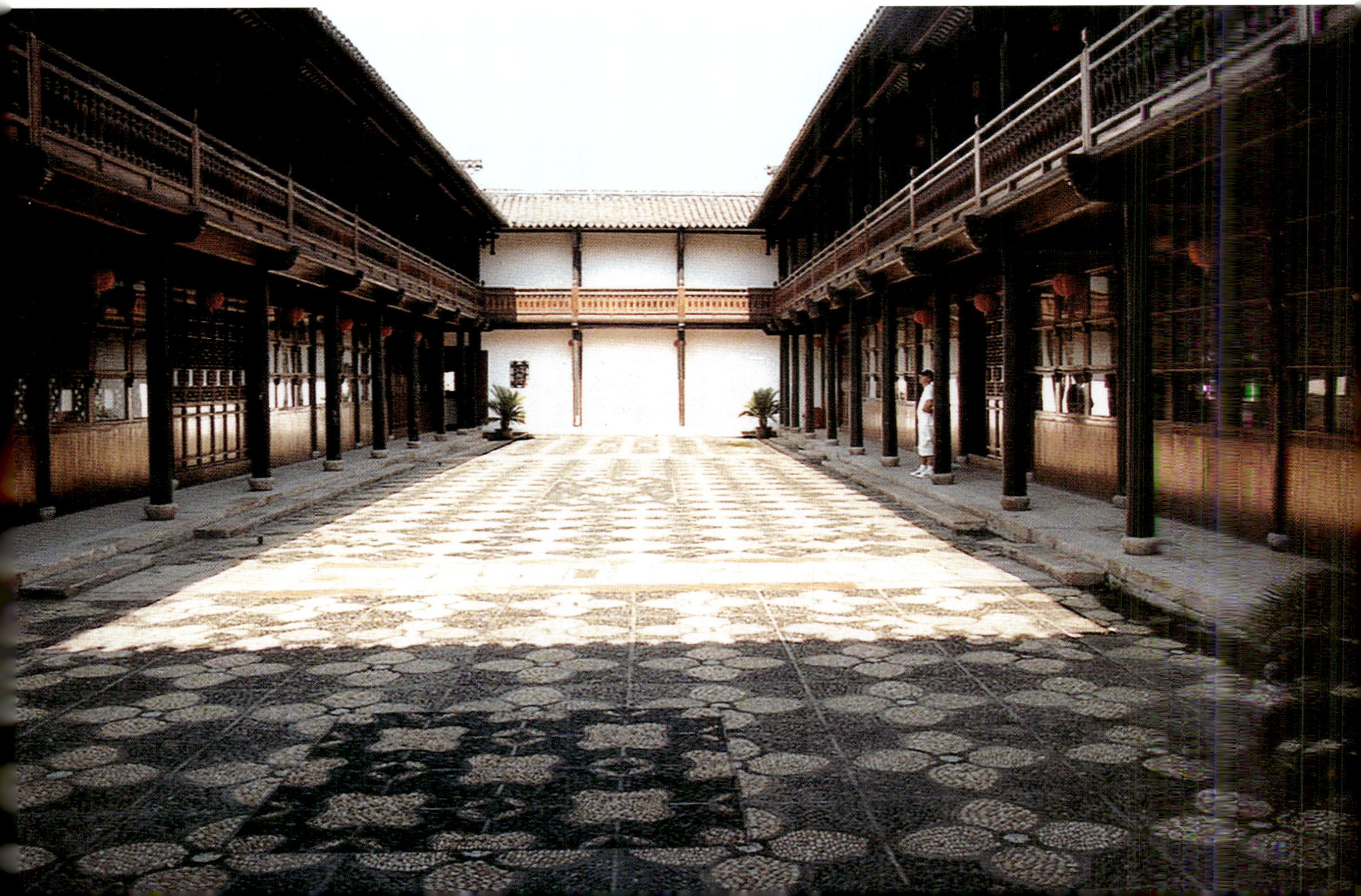

图 3–97　浙江杭州胡雪岩故居的走马廊（左上一

图 3–98　江苏苏州网师园内的避弄（左上二

图 3–99　云南大理喜洲严家院的楼廊（左下

图 3–100　江苏扬州汪氏小院内的避弄（左二

图 3–101　新疆伊宁维吾尔族民居夏室宽[illegible]（左下

图 3-102　新疆喀什高台区喀日克代尔瓦扎路 85 号维吾尔族民居的楼廊

图 3-103　新疆喀什乌斯唐布依区 239 号维吾尔族民居的楼廊

图 3-104　台湾宜兰黄举人宅正厅凹廊

图 3-105　青海循化街子乡撒拉族民居前檐虎抱头（凹廊）

图 3–106　山西祁县渠家大院牌楼院后楼的门罩（左上）
图 3–107　山西灵石静升村王家大院敦厚宅后院正房木雕檐廊（左下）
图 3–108　山西榆次常家庄园贵和堂后堂楼前檐砖木雕装饰（右上）
图 3–109　辽宁沈阳张作霖帅府二门（自院内反视，右下）

图 3-110　西藏拉萨哲蚌寺喇嘛居住的康村正房入口的门罩

图 3-111　河北保定直隶总督府正厅前抱厦

图 3-112　山西祁县乔家大院 1 号院后楼门罩

图 3-113　江苏苏州山塘街雕花楼石库门（自院内反视）

图 3-114　山西襄汾丁村民居 2 号院正厅木雕檐廊

图 3-115　浙江东阳卢宅院门（自院内反视

图 3-116　安徽黟县宏村承志堂入口门廊反视

图 3-117　北京前鼓楼苑胡同 7 号四合院院内花架

图 3-118　安徽黟县宏村德义堂水院

图 3-119　四川乐山郭沫若故居庭院花木

图 3-120　浙江泰顺下武洋乡庵前村某宅庭院绿化

图 3-121　安徽歙县呈坎村某宅天井院盆花

图 3-122　湖南凤凰沈从文故居内院鱼缸花木

图 3-123　江西婺源李坑村[illegible]

图 3-124 江苏吴江同里镇崇本堂后厅庭院花木

图 3-125 北京西城鲁迅故居庭院花木

图 3-126 福建永定下洋乡德辉楼前庭花木

三、形体均衡

形体构图是形式美的重要内容，即通过对建筑体量及各个视面的安排，达到建筑整体感观上的均衡稳定，并有一定的变化趣味的形体设计。即是在形体设计上对对立统一形式美法则的运用。构图设计牵涉若干原则，如均衡、比例、韵律、对比、附加装饰等。“均衡”是从重量感觉中派生的视感，建筑物必须安稳地立在土地上，而不能是摇摆不定、轻重不均的构筑物，这样人们才能有安定的舒适感觉。“比例”是从人类以及各种生物形体度量中发掘出的规律，如黄金比例等。但近年来由于美学观念的变化，认为超比例亦可形成某种美感，因此不太重视比例构图。“韵律”亦是从生物中，特别是植物中一个完整形体各部分（如枝、叶、花、果）的分配规律中体察出来的。也包括声音的音阶安排，形成悦耳的效果，亦是有规律可循的。“对比”更是体现在广大自然界中，包括生物与非生物。各种物体总是呈相反的对立状态出现，黑白、虚实、繁简、曲直等，通过对比才产生物体的多样性。

具体到民居建筑，由于它的体量较小，单层平房为主，因此其建筑构图的重点也不同。例如韵律在民居中表现不充分，不像大型宫殿、庙宇组成复杂的建筑群体，能有目的地组织各项建筑形成有节奏的高低、大小、疏密等空间变化，形成韵律感。故这里不作深入讨论。比例在民居中也无特殊的表现，因为民居是居住建筑，是以人的尺度来经营建筑空间的，自然不会出现异常比例的空间，也就无法形成特异的效果。而装饰在构图中起的作用，将在以后章节中予以论述，在此不赘述。故下文从民居形体的构图美的角度，着重讨论均衡与对比两项构图因素的诸多表现。

民居构图的均衡有两种表现。一种是中轴对称的平衡式；一种是非对称的体量均衡式。前者多用于汉族中上阶层的院落式民居；后者多用于汉族小户人家或少数民族的独户民居。

对称式平衡的构图首先决定于平面设计，凡是四合院、三合院、一字形的独院，以及三堂制或三堂加护厝式民居，或者独立民居的一字式、⊓式、H式的都属于对称式构图。对称式构图是一种很简明的稳妥的设计方式，可以展现方正、规整、对仗的美，有助于创造平和宁静的空间境界，是一种秩序感的理性美。不管建筑形式如何，只要维持左右相同，便可突显中轴的地位，所以被国人使用了几千年，同时也适应中国长期推崇的一长制的思想要求。对称平衡构图的发展就是扩展平面，如在纵向增加为多进四合院，增加偏轴的四合院，增加三堂制民居的护厝，增加围垅屋等，使对称范围扩大。再则就是增加层数变化，如两厢一层、正厅二层，或层高变化，中间屋高，两侧屋低。再有就是屋顶变化，如厢房屋面递降，中间厅堂、门屋的屋面切割为三段，中间高，两边低。这些都增强了对称的视觉分量，类似实例很多。

体量均衡式的构图，与对称式相较则显得更为活泼，但形成佳例则比较困难。均衡式构图的民居往往基于地形的变化，或使用上的多样化及节约的要求而形成，并非刻意为之，但客观上形成了优美的效果。均衡式构图的美学意匠就是重力的平衡，高峻物配低长物，小的厚重物配大的轻薄物，曲面配长的直线，独立高层配众多的平房等。造型上可利用屋面、墙头、披檐、排廊、楼厢等有形手段，也可利用材料的质感及色彩来改变重量的感觉。均衡式的构图无一定之规，但表现却可千变万化，全凭观者的感受，这也是乡土民居最能吸引旅游者的原因之一。

对比原则应用得最为广泛，但一般并不为人们所注意。在民居中有许多方面可形成对比关系，表现在空间和视面上。空间的大小、明暗、虚实都是对立关系，视面（包括立面、地面、屋面）

的繁简、精粗，材料的色彩、质感，也可形成对比效果。北方民居较为厚重、封闭，虚实关系不明显，但廊子在空间关系中起到中介作用、分隔作用，增加了空间的变化。南方民居的敞厅增多，通间的隔扇门窗，可装可卸，棂格空透，似隔非隔，空间的明暗及虚实等对比因素增多，造就了许多变化效果。视面设计中的装修面是最丰富的，各种窗形、棂格图案与实体墙面的繁简对比性极为强烈。山区及地方民居大量使用地方材料，由石材、砖材、木板材、土制材料所形成的色彩、质感的对比十分简朴可爱，其效果经常出人意料。有些实例在“材料之美”章节中叙述。总之形体构图中诸项手法皆是美学中对立统一基本原则的具体表现。

图 3–127 浙江民居立面对称式构图（下左）

图 3–128 浙江民居立面均衡式构图（下右）

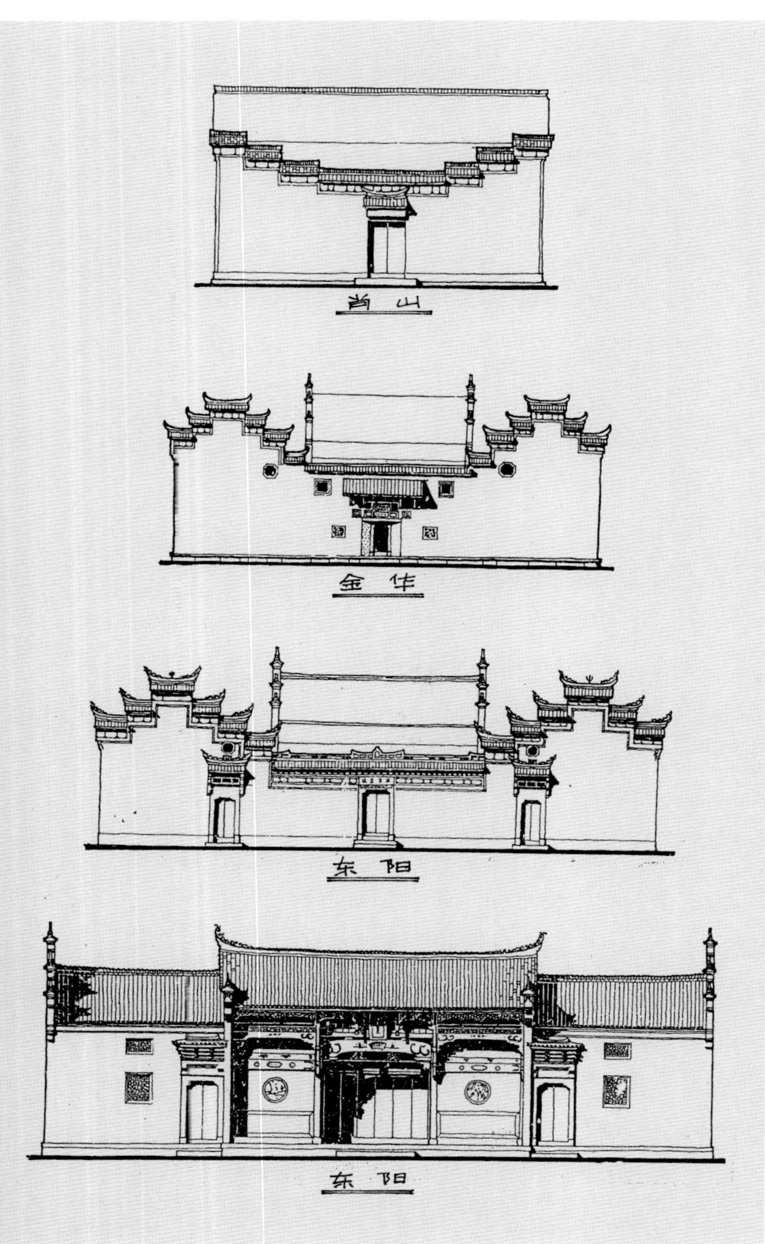

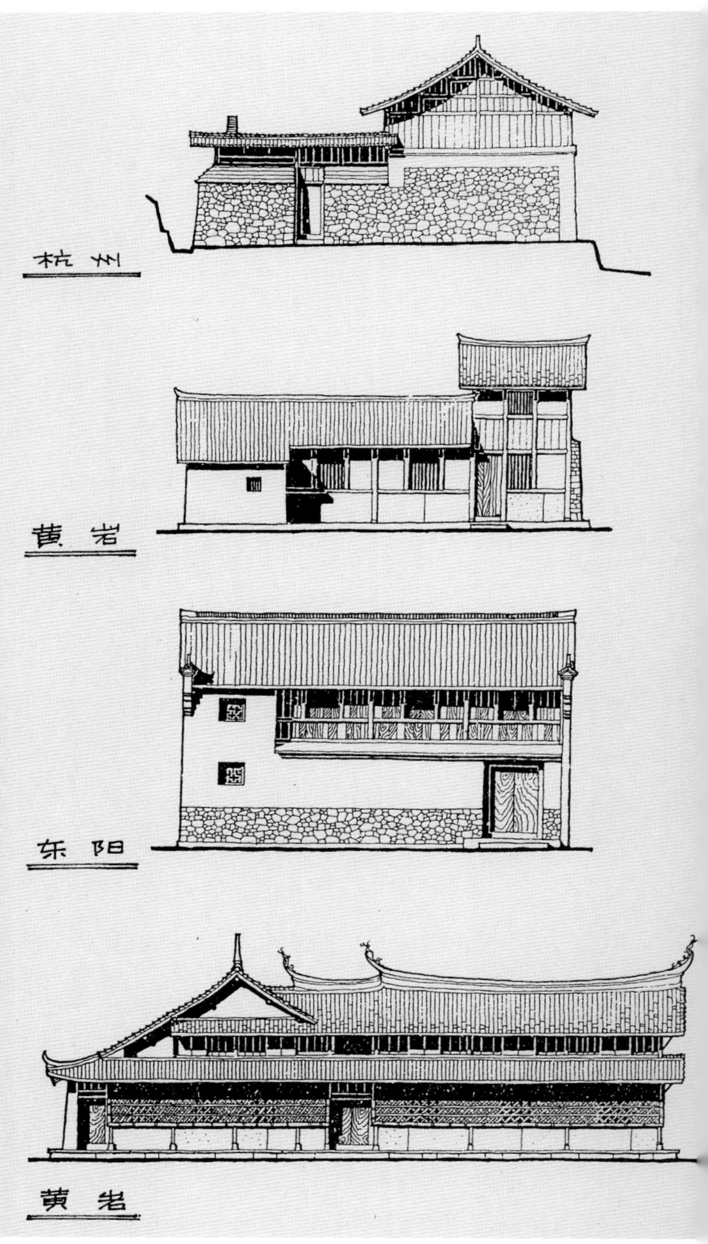

图 3-129　福建永定古竹乡某宅立面对称式设计

图 3-130　湖南永顺王村向宅立面对称式设计

图 3-131　福建安溪某民居立面对称式设计

图 3-132　浙江永嘉东占坳黄宅对称式设计图

图 3-133　浙江永嘉溪口村某宅立面对称式设计

图 3–134　福建南靖书洋乡祠堂立面对称式设计（左）
图 3–135　浙江吴兴甘棠桥 7 号范杏宝宅均衡式设计图（右上）
图 3–136　浙江黄岩天长街民居均衡式立面设计图（右中）
图 3–137　浙江天台义学路 6 号立面均衡式设计图（右下）

图 3–138　浙江鄞县鄞江桥畔民居外墙毛石与木装修的对比（左上）
图 3–139　福建永定古竹乡高东村顺源楼墙面繁简对比（左下）
图 3–140　四川丹巴甲居藏寨民居颜色对比（右上）
图 3–141　福建南安蔡氏民居墙面颜色对比（右下）

四、屋面变化

传统民居的屋面基本上为双坡屋面，只有个别干旱地区使用平屋面，牧区使用帐房。双坡屋面是基于木构架的简约化，同时便于排水而产生的。古代民居的围护结构为木装修与土墙，因此屋面需要前后出檐以保护墙体，更增加了屋面的面积，愈显屋面在建筑外观的重要性。

民居建筑的体量比较小，自然屋面也比较简单，不可能像宫廷官式建筑或宗教公用建筑那样可以运用多种艺术手段来强化屋面的美学效果。这些大型建筑可以采用庑殿式和歇山式屋面，可用重檐复叠，可互相勾连，可用楼阁式建筑，可用彩色的琉璃瓦，可用复杂精致的脊饰（如脊吻、戗兽、走兽），因之可创作出各种美丽、壮观的大屋顶，甚至成为中国古典建筑艺术的代表因子。约定俗成，经过排比将各式屋面开列成一系列的等级形式，从重檐庑殿、重檐歇山、庑殿、歇山、卷棚歇山，到悬山、卷棚悬山、硬山、卷棚硬山九类，成为宫室到平民的建筑屋面选用标准，屋面的艺术风格由凝重、雄伟转化到轻快、朴实。但传统民居应用的屋面仅为后四类而已，即为轻快、朴实的外貌。

双坡悬山屋顶是民居长期以来所选用的基本形式，为保护土制山墙，屋面两端需悬出山墙之外，构成悬山。只是在明代以后，制砖工艺发展，民居可以大量用砖、砖制山墙不需要屋面悬出保护，这才产生了山墙尖到顶的硬山墙。悬山和硬山只是围护墙体的变化，并不是内部构架的变化，不像庑殿与歇山屋面的内部构架需特殊制作。简单的民居双坡屋顶如何引发人们的关注，需要采用不同于大型建筑的美学加工手段。此外，在南方多雨地区民居为保护山墙，而加设披檐，亦增加了屋面造型的变化。

民居屋面的加工手段可采用屋面调配、变化墙顶、装饰细部、选用面材等几种办法。

屋面调配的目的就是避免出现单调的长屋面。例如在三间屋面上设置四道垂脊，形成三片屋面；或者相邻房屋屋面在山墙相插，形成错落屋面；或正房与厢房的屋面高低相插，如云南一颗印及白族民居；或在山墙上增设一道或多道披檐，如福建福安民居；或者与廊、厦、二门等小屋面结合组织在一起，形成大小谐同的屋面；在大型民居中亦可将上述手段综合应用，形成有韵律的组合屋面，如福建土楼的大夫第等。尤其是结合地形建造的民居，其屋顶的组合更是千变万化，常有意想不到的构图，与大型建筑的严肃、雄伟、厚重的屋面造型完全异趣。

墙顶的变化主要表现在硬山山墙上。北方民居山墙较简单，仅在博风头或山尖部分增加一些雕饰，而南方民居的封火山墙墙顶变化最为丰富。

南方的民居布置比较密集，为了防止火灾蔓延，南方的许多地区民居普遍建造封火山墙，墙顶高出屋面，成为屋面景观的突出部分，十分醒目。各地民居的封火墙顶产生了各种形式，成为民居外观的一项特色，亦是民居美观的一种表现。封火山墙墙顶处理有两种趋势。一种是阶梯形，层层递高，一般为三跌者居多，又称五山屏风墙，俗称马头墙；另一种是曲线型，即随屋面的坡度，处理成曲折婉转的墙头，如苏州的观音兜、福州的弓形墙、潮州的大幅水、建瓯的鞍形墙、广东的镬耳墙等。粤东民居还将封火墙与五行相联系，做成金木水火土五种形式的山墙。广东地区封火山墙墙顶的山面部分亦进行装饰，沿墙顶曲线塑出一条较宽的垂带（即是传统建筑博风板的余意），垂带分成若干板块，每块塑画出花鸟、人物图案，形成沿山墙顶部的装饰带，在山尖部分绘出繁杂的花饰，称为楚花，是传统悬山屋顶的悬鱼之遗意，具有浓厚的地方风格。

民居屋面的细部装饰主要表现在两方面，即正脊的装饰和山墙墀头的装饰。屋面脊饰主要是正脊两端的脊头饰件和脊中花饰。因为民居屋面多为硬山或悬山顶，不若殿宇屋面有庑殿、歇山等复杂形式，有正脊、垂脊、戗脊、博脊等不同脊位，其脊兽和走兽特别多。而一般民居仅有正脊、垂脊两种，特别是南方民居的封火墙兴起以后，则民居屋面仅剩一条正脊。脊端饰件在宫殿、庙宇多以象征的动物形象为题，汉唐时代建筑正脊以传说的海中鱼虬为饰，其尾部类似鸱鸟，故称鸱尾。以后经历代演变，扩大了其吞口的造型，缩小并卷曲了其尾部，身上增加了龙纹，形成明清时期的吻兽，又称龙吻。其他垂兽皆以正吻造型为依，同时增加了戗脊上的诸多走兽。村镇中庙宇脊兽虽然也使用龙、鱼造型，但皆为随宜塑制的自然形体，活泼自由，不拘成规。但大量的民居建筑的脊饰不仅使用动物形象，还大量应用各种几何或抽象的造型，有的轻佻，有的稳重，有的飞扬，有的活泼，造型特点突出。如苏州、东阳、福建等地民居皆有丰富的脊饰实例。苏州有雌毛脊、纹头脊、甘蔗脊、哺鸡脊；闽南有燕尾脊等；东阳的封火墙顶有喜鹊头、玉玺头、大刀头等各式。将动植物、器物图案化画后置于脊端，增加了许多生活趣味。在一些大型厅堂或祠庙中，其正脊中部往往雕饰有主题式的饰件，代表平安、吉祥、财禄等吉祥含义，最复杂的是广州陈家祠堂的陶塑雕饰，表现人物故事，人物造型繁多，是最复杂的脊饰实例。

自明代后期硬山山墙出现以后，装饰墙面的想法逐渐浮现，在北方民居山墙的山面是依照悬山博风板的造型砌制的，即由两条拔檐线砖托出的人字形的博风砖是山墙造型的主体，富裕人家可以在博风板上或博风头上加上砖雕图案，还有的在悬鱼部位加设斗方式的花草图案。总体上看变异并不突出。但山墙的墙厚一面对着街巷，是观赏的重要部位，因此装饰手法大量应用此处，即称墀头或腿子墙的部分，全国各地皆如此。墀头构造可分为三部分，即下碱、上身、戗檐。戗檐是山墙向外挑出的部分，以保证与前檐檐口在同一线上。各地民居戗檐做法大同小异，是装饰的重点，砖雕图案皆有吉祥寓意。雕刻不仅用在戗檐砖、拔檐砖，甚至还可延伸至墀头上。各地民居的墀头雕饰皆有不少佳例，与影壁雕饰共为砖雕的两大部分。

传统民居的屋面细部构造上完全摆脱了大型官式建筑的窠臼，有着自由的发挥，显现出少许的浪漫色彩。

另外，在屋面形制不变的情况下，屋面瓦材的改变也会产生不同的视觉印象。例如灰瓦屋面的铺法有筒瓦屋面、阴阳瓦屋面、干叉瓦屋面、灰梗屋面等。山区尚有瓦板屋面、木板屋面（又称黄板屋面），这些都会带给观者新奇感。特别是草屋面，因为苫草工艺的随意性，更可获得各种形状的草顶房，虽然制作粗放，但可产生一种原始状态的美感。

图 3-142　福建福安廉村民居山面多层披檐

图 3-143　福建福安廉村民居山面多层披檐

图 3-144　云南丽江民居屋檐穿插

图 3-145　福建永定湖坑乡洪坑村奎聚楼内院屋面组合

图 3-146　福建安溪民居屋面叠落设计

图 3-147　福建华安仙都乡民居屋面叠落组合

图 3-148　福建永定湖坑乡洪坑村福裕楼屋面叠落组合

图 3-149　云南勐海勐板乡入勐垒寨布朗族民居歇山式屋面

图 3-150　江西泰和民居封火山墙

图 3-152　江苏无锡前溪西薛宅封火山墙

图 3-153　江西定南民居封火山墙

图 3-151　云南昭通民居封火山墙

图 3-154　湖北应城长江镇民居封火山墙

金相

火相

木相

土相

水相

图 3-155　广东潮汕地区民居五行封火山墙（引自《汕头建筑》）

图 3-156　福建南安官桥乡漳里村蔡氏民居大幅水封火山墙

图 3-157　广东汕头民居金木相生封火山墙（引自《汕头建筑》）

图 3-158　广东三水范湖镇大旗头村郑氏宗祠镬耳山墙

图 3-159　广东惠阳矮陂镇黄沙洞刘氏宗祠封火山墙

图 3-160　浙江宁波天一阁书库封火山墙

图 3-161　湖南平江黄土仑天岳书院封火山墙（引自《全国重点文物保护单位》

图 3–162 浙江宁波天一阁西门封火山墙

图 3–163 广东三水范湖镇大旗头村民居镬耳山墙

图 3–164 安徽屯溪老街马头封火山墙

图 3–165 广东潮州新民居山墙

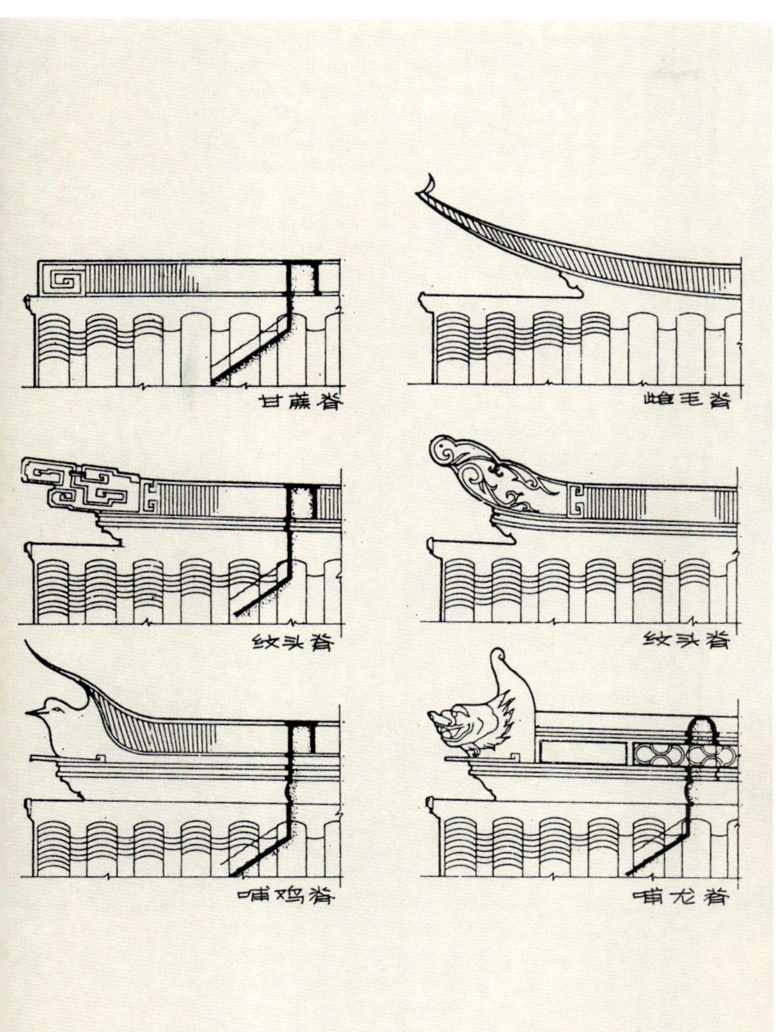

图 3-166　江苏苏州民居厅堂屋面脊饰

图 3-167　福建南安蔡氏民居脊饰

图 3-168　福建南安蔡氏民居脊饰

图 3-169　广东三水芦苞胥江祖庙脊饰

（上排从左至右）

图 3–170 北京西城翠花街 5 号墀头砖雕

图 3–171 河北怀来鸡鸣驿民居墀头砖雕

图 3–172 河北邢台尚汪村田麻羊庄园民居墀头石雕

图 3–173 云南沧源勐省乡南撒寨佤族民居草顶山面大披檐

图 3–174 云南景洪橄榄坝曼嘎寨傣族民居青板瓦挂瓦屋面

（下排从左至右）

图 3–175 山西太谷曹家大院民居青瓦屋面

图 3–176 山东荣成沿海民居海草屋面

图 3–177 云南勐海勐板乡弄养新寨布朗族民居草顶歇山屋面

图 3-178 海南通什黎族民居落地草顶房

图 3-179 甘肃碌曲郎木寺藏族民居木板瓦屋面

图 3-180 新疆布尔津喀纳斯湖图瓦人民居的木板瓦屋面

肆・院门之美

中国传统庭院式民居建筑是门堂分立的，就是全宅的数幢建筑是被建筑物或墙垣包围着，形成封闭的院落。因此，一座宅院被外人首先感受到的是其院落的入口——院门。入院以后，才能感受到其余的建筑形象。在聚落环境中，院门是一座民居个性表现的最重要的一环，它就好像是这个家庭的一枚徽章，一张有代表性的脸。院门的规模、形式、色彩、装饰可具体地反映出户主的社会地位、经济地位及文化取向，它是“门第”高低的标志。虽然各地皆有程式化的门制，但具体到各户的院门设计则各有不同，充分地显示出个性差异。当我们在旧城区雷同的街巷、胡同中行走时，不必查看门牌号数，就可直接认出自己的家门，这就是美学要求的差异性在院门设计中的反映。古代盛行的风水术中，也以宅门的坐宫卦位决定户主的祸福吉凶，因此各家业主皆以极大的关注去经营自己的入口建筑，院门成为住宅中重点加工的对象。

传统民居的院门在一定历史时期皆有程式化的倾向，形成某种定式，各地区皆不相同。在这些定式中，我们可以体察出民族、地域的特点，也可确认出户主的财富、地位的高低。在文化底蕴较深的地区，往往形成定式的系列，以适应门第高低等用户的需求。如北京合院民居院门有王府大门、合院大门、随墙门之别。合院大门又分为广亮大门（单间五檩门屋，大门装修设在中柱分位）、金柱大门（装修设在金柱分位）、蛮子门（装修设在檐柱分位）、如意门（前檐改为砖墙）等不同等级的院门。又如吉林满族民居的院门分为屋宇式大门、四脚落地门、木板大门、光棍大门等式样。山西中部民居院门有三间屋宇式大门、单间木柱式大门、砖腿子大门等。苏州民居院门有将军门（三开间大门）、大门（单开间大门）、库门（亦称墙门，是在墙上开洞的门）、板门（店坊可卸装的大板门，一般为四扇至六扇，通行于南方各村镇）。云南大理白族民居则按门头上有无木制挑檐，分为有厦门楼与无厦门楼。王府民居院门有凹门廊式大门与墙门两类，分别适应不同规模的民居。

院门的形制大致可分为四类：

（1）宫室式大门。这类门制规模较大，一般为三至五间，五檩架。大门装修安置在中柱分位，前面留出宽大的空廊。开间广阔，雕饰繁多。一般皆设有值房。属于此类的有王府大门、祠堂大门、豪宅大门等。

（2）屋宇式门。一般为单间，五檩架。根据步架数据的大小，使进深略有增减。门屋的前后檐皆有一定的空间，门前可停留避雨，门内可供仆役执勤。门扇装修一般设在中间或前檐位置，各地皆不相同，反映户主的心态。屋宇式门多与庭院的倒座房连建，形成临街巷的立面构图，如北京四合院等。亦有单独建成门屋的，与院墙相连。小户人家也可建成半间的屋宇式门，称为窄大门。浙江一带商业发达，沿街多为下店上居的两层商业房，故临街的民居院门亦做成两层形制，上层为凸出的探海梁及格扇窗，具有轻巧的外观。屋宇式门是中型规模以上民居的主要形式，通行于大江南北。

（3）门楼式门。一般为单间房屋，独立地设在庭院的外围墙间。门楼进深较浅，一般为小三架木构，前后檐可以有落地柱，如四川的龙门、吉林的四脚落地大门，也可以仅从中柱托挑梁，承托前后檐檩。或者做成垂柱式。再简单的就是不用木构架，两山墙设计为厚墙墩，上托过目梁，承托上部屋面荷载，北京称之为小门楼。近代以来，各地民居所改进的带有洋风的院门，多数属门楼式。有的地区民居院门就是在墙上开洞设槛框、门扇，不设墙墩，门上墙顶抬高，加以装饰，亦有不少新意。如新疆维吾尔族民居的院门。最简单的是在墙间设立柱、横梁，中设门扇，不设瓦顶，类似古代的衡门形制，实际上有门无楼顶。

（4）贴墙式门。南方民居为了防止火灾蔓延，多在全宅周围建造高耸的封火墙，成为地区建筑的特色；山西及福建客家地区为了防盗，民居院落亦建造高大的外墙；西北地区的庄窠民居为了防御猛烈的风沙侵袭，院墙亦高过建筑屋脊。因此上述地区的院门多为贴墙式，即在墙上开设门口，围绕门口贴墙建造一些装饰性的构造，以显示宅院入口的重要性。这种贴墙式门装饰部位低于墙顶，所以产生贴建的感觉。门内可以接建屋宇，也可以是单面院墙。贴墙门的装饰主题主要取材于牌坊、垂花雨罩、挑檐雨罩或简单门框式样。但具体设计手法却是千变万化，突出墙面的深度亦有多少之别。用于贴墙门式的牌坊及雨罩的形体皆有夸张与变形，仅取其意而已。

院门从实用角度分析，仅为一个可启闭的有防卫功能的出入口而已，或兼有避雨、遮阳的要求。但人们为了美感的需求，对它刻意加工装饰，形成多变的形式及有特色的构图。院门的艺术加工手段主要在门顶及门罩的造型，和细部的雕与绘。雕刻因材而异，绘制有彩绘与墨绘之别。院门的装饰加工因类别不同各有侧重。如屋宇式门的建筑体形已定，其装饰的重点在门扇木装修的位置；门的附件加工，如门簪、门环、门扇外皮、门枕石等；门侧山墙的处理，包括墀头、封火檐头等；如门的前檐有空间停留，则对檐柱、骑门枋及廊心墙等处加以处理；此外屋面的正脊脊饰亦有不少变化。而门楼式门的体量比较小，一般艺术加工较少。木构式门楼多在挑木、斗栱等处少许加工；而砖构门楼则主要用砖雕来丰富造型。贴墙式门的花式最多。如采用牌坊造型，可有双柱和四柱之设计，楼檐有单楼、三楼、五楼之别，同时柱间枋木有多少的安排，枋间的字碑有各种形式等；若采用垂花式造型，其变式更多，以苏州的石库门为代表，可从其形式变化追求出时代的变迁。以上两式多为砖构，因此砖雕成为主要装饰手段。挑檐式的院门在南方多为撑木挑或加垂柱挑，而西藏民居则为大斗栱承挑，云南大理白族民居则为密集的斗栱承挑。木挑檐式门的装饰多为木雕与彩绘。门框式贴墙门多为清水墙贴面，刨出线脚，式样清秀、简洁。

综观传统民居院门的美学处理，不外乎从三个方面入手。即门扇及其周围的附件，包括槛框、门头、门枕、门饰等；门罩，包括贴墙式、出挑式、立柱式等诸种门罩形式；门口，包括周围的墙壁、山墙、廊心墙等。不同地区的民居院门仅在其中的某个部分或几个部分进行深入的设计加工，采用多样性的、个性的手法，因此才产生了千变万化的美学效果，形成地区的文脉。学习历史形式可以对我们的现代建筑创作产生一定的启发。

一、宫室式门

王府大门　清代亲王、郡王皆集中在北京设府，所以王府建筑是北京的特殊建筑品类。按照朝廷的规制，王府大门为五间启门三形式，也有只建三间的。单檐歇山顶，檐下施斗栱，画龙锦彩画。亲王府大门可覆绿色琉璃瓦。门扇为装有门钉的棋盘大门。门枕抱鼓石高大，门前有石狮、上马石等。对门设砖影壁。是最豪华的大门。

祠堂大门　中国传统重视家族的团结与兴旺，一般皆聚族而居，形成聚落。为了纪念族内先祖，皆建有家族的祠堂，定时祭奠。祠堂在村中是最重要的建筑，在南方村镇中十分普遍，几乎村村皆有。祠堂面阔一般为三至五间，甚至有七间的大建筑，如安徽绩溪龙川镇坑口村的胡氏宗祠。祠堂建筑的门扇装修皆设在中部分位，前檐有宽敞的廊檐。有木制的斗栱，宽大的额枋。祠堂前立有旗杆，表示族内有功名的人数多少。为了表示祠堂在村内的标识作用，其屋面皆极丰富多样。一般采用分间叠落的式样，将五间门屋的屋顶分成三组，中间高，两侧低，再侧更低。而且一改普通门屋屋顶用硬山山墙的通例，改为歇山式屋顶，以显高贵的气势。广府地区的祠堂门屋喜欢用石材构筑檐柱及额枋，并且将石枋作成曲折的弓形，石枋上布满雕刻，屋面上设置嵌瓷花脊等手法，成为地域祠堂的艺术特点。

豪宅大门　地方上有的豪门大户的院门亦采用宫室式大门。一般为三间或五间，个别的有做成七间大门的，如沈阳张作霖帅府大门。这类大门的布置格式类似，前檐开敞，左右有值班门屋，屋面为简单的硬山顶。苏州地区将此类门屋称作将军门，以示高贵。如苏州忠王府原张宅大门、狮子林贝宅大门、网师园瞿宅大门等。此外闽南民居中的凹斗式大门亦是宫室式门，三间五间不等，全为红砖外墙，硬山屋面。但中间一间向内凹进一步架，设门扇的地位又向内凹进少许，形成层层内凹的空间，闽台地区称之为“凹寿”，凹进处石材贴面，青石板石刻墙心，檐头木架大红油饰并贴金，华丽异常，强调出入口的标志意义。广东梅县及闽西客家民居亦采用凹斗式大门。

图 4-1 北京后海摄政王府大门

图 4-2 安徽歙县呈坎村罗东舒祠大门

图 4-3 安徽歙县潜口民宅司谏第入口大门

图 4-4　安徽绩溪龙川镇坑口村胡氏宗祠大门

图 4-5　浙江兰溪诸葛村大公堂大门

图 4-6　安徽歙县棠樾村鲍氏宗祠大门

图 4-7 广东广州陈家祠大门

图 4-8 广东汕头潮阳区姚氏宗祠大门（引自《汕头建筑》）

图 4-9 辽宁沈阳张作霖帅府大门

图 4-10 山西灵石静升村王家大院凝瑞居大门

图 4-11 江苏苏州狮子林大门

图 4-12 福建南安官桥乡漳里村某宅大门

图 4-13 浙江东阳卢宅肃雍堂大门

二、屋宇式门

北京四合院门 皆为单间式屋宇门。按层级可分为四类，即广亮大门、金柱大门、蛮子门、如意门。前两种大门门前皆有停留空间，而蛮子门则无。后来为了减少大门木装修临街易朽的缺点，将蛮子门的外檐改为砖墙，砖墙中间留出门洞，安装门框、门扇，门簪上多刻有“如意”二字，故称此为如意门。大门木装修由抱框、门框、余塞板、走马板、门扇组成，髹成黑漆或红漆，极少作金饰彩画。一般人家在门板上刻出一副门对，以示家风。装饰部分集中在抱鼓石和幞头鼓子（方鼓子）两类，形体不大。因北京民居地处畿辅之地，封建制度森严，所以民居装饰受到极大的约束。民国以后，规制松弛，百姓的院门开始用红漆及苏式彩画进行装饰，提高了美化程度。有些民居用地有限，院门仅为半间面宽，称为窄大门。

晋中民居院门 该地区民居皆为高围墙式，故其单间院门显得极为高耸。院门皆开在院落的东南角，与北方民居类通。晋中院门分为两大类，即木柱式大门与砖腿子大门。木柱式大门在墙外立外檐柱两根，顶托横枋，上置斗栱、飞檐。有的还有出挑垂莲柱、罩牙、花牙子等装饰件，富裕人家还可绘制彩画。台基较高，门外有上马石、拴马桩。砖腿子大门即在院门两侧砌出腿子墙，屋面为硬山顶。腿子内有木柱，或者无柱，将各项额枋、檩条架设在山墙上。腿子上的戗檐砖是装饰重点。砖腿子大门的门口可用木框及过木梁，也可用砖券口。

晋南，雁北及内蒙古呼和浩特、包头等地民居，亦采用这两种基本样式。

苏州墙门 一般为单开间门屋，大门设在前檐桁下。通常为六扇或四扇门板，门板可装卸。门扇上满钉竹片或铁皮，以保护木板。门两旁做出腿子墙及封火檐。太湖周边地区还盛行一种两层墙门，下部为六扇板门，中架月梁一根，称探海梁，上托栏板及支窗，形式虽然简单，但空间体积变化明显。

天台民居院门 一般为单开间，外墙是用石板或片砖砌筑的，外形十分纤细简洁。薄薄的石门框围在门洞四周，厚仅 6 ～ 7 厘米，纤小的挑牙，细细的线脚，轻薄的石匾，窄窄的腿子墙等，呈现出秀美的建筑风格。

江西八字墙门 通行于赣水流域各地，为屋宇式大门。其临街外墙凹进一米余，左右墙呈八字状是其特点。正面墙身开设石库门式门洞，上有字碑。富户在门上设木制垂莲门罩，甚至为三间垂柱式八字门罩，这些手法与当地木牌坊的设计手法类似。

广府民居院门 在广大的农村中，盛行的“三间两廊式”民居（当地称为“爬狮”的冂字形住宅）的入口开在侧面的廊间。应属屋宇式门，但其门制类似墙门。即在清水墙上凹进少许，设石框门口，门上部为粉壁彩绘花鸟故事图案，上覆瓦檐。木板门外还另加一扇横木组成的格栅门，称为“躺笼门”，以保证通风；或者加一樘双扇矮腰门。

潮汕的栅栏门 属屋宇式大门。其门屋三间，中间一间做成凹斗式，内设石库门一樘。但在凹斗外沿与外檐平齐，做栅栏门六扇，直棂花格，上中下设束腰绦环花板，中间两扇做对开团形花板，有的还绘出太极八卦图样。在闽南盛行三堂两横制民居的厝巷门，亦做成栅栏门形制。栅栏门的作用与广东的推笼门是一致的，既可防外，又可通风，兼有美化作用。在整条街巷中，一座座栅栏门与外墙虚实相间，十分生动活泼。

图 4-14　北京西城柳荫街某宅金柱大门

图 4-15　北京东城板厂胡同某宅广亮大门

图 4-16　北京东城北兵马司胡同 6 号金柱大门

图 4–17　北京西城柳荫街某宅金柱大门

图 4–18　北京东城秦老胡同 15 号金柱大门

图 4–19　北京西城前海北沿 14 号蛮子门

图 4-20　北京北海前沿某宅窄大门

图 4-21　北京西城西四北三条 39 号程砚秋故居蛮子门

图 4-22　山西襄汾丁村民居 11 号院入口大门

图 4-23　山西灵石静升村王家大院敦厚宅大门

图 4–24　山西阳城郭峪村某宅牌楼门

图 4–25　河南巩义康百万庄园窄大门

图 4–26　山东栖霞牟氏庄园大门

图 4–27　浙江湖州马军巷竹丝大门

图 4–28　浙江桐乡乌镇民居大门

图 4–29　浙江天台民居院门

图 4–30　浙江天台柏树巷 5 号院门

图 4–31　浙江天台民居石板墙院门

图 4–32　江西广昌驿前乡某宅院门

图 4–33　江西抚州某宅八字墙门

图 4–34 广东潮州栅栏门

图 4–35 广东潮州栅栏门

图 4–36　广东潮州栅栏门细部

图 4–37　广东开平长沙镇宝源坊民居宅门

图 4–38　广东开平室源坊民居推笼门

三、门楼式门

北京民居随墙门 其做法为在砖砌门垛之上横架过目梁，上边做出两坡硬山瓦顶，外檐全部为砖制，不显木材痕迹。门扇上多刻门对。构造简单，无雕饰，多用于小户人家的院墙上。近代以来随墙小门楼有了变化，吸取了洋式门楼的特点，取消瓦顶，门垛减薄为门柱，门口改为砖发券结构，门上设字碑砖刻。有的还增加山尖形的雕花墙。

吉林满族民居大门 以乌拉镇为中心的松花江上游一带是原满族的聚居地，其民居所建的院门极有地方特色。一种类型为四脚落地大门，俗称瓦门楼，由四柱构成的五檩悬山屋面，博风板上有悬鱼、惹草装饰，颇具古风。门扇坐在中间，门内外各有明柱两根，左右有八字照墙。大门不设台基及门槛，以便车马通过。另外一种类型为木板大门，俗称板门楼。该式门楼为双柱三檩全木制门。除木架、门扇以外，还用了木门枕、木板瓦、木脊、木门联、木匾等。大门刷朱红色油饰，屋面刷黑色，门联、斗方、门簪等刷各彩色，十分醒目。

浙江牌楼式门楼 为随墙门的类型，通行于浙中、浙南地区。基本造型就是砖石化的两柱或四柱牌楼形式。门扇坐中，两边为实体照墙。屋顶呈两叠或三叠错落形式。额枋上布满雕饰，脊花脊兽形式多样，极富装饰性。

四川民居的龙门 四川地域复杂，迁居人口过多，所以其民居种类及门制也十分繁多，各有渊源，但通行于川中一带的龙门却很有特色。龙门为木制门楼式大门，可单独设置在院墙的合宜地点，以适应地形的变化。一般为四柱一瓜的穿斗架，前后出挑。大门设在前金柱位置，后檐柱间设屏门，进门后由两侧出入，类似北方垂花门的布置。有的门式将前檐两柱按 45° 角外移，使门前形成八字照墙。前后檐出挑有各种方式，十分灵活。龙门的外形虽简单，但其用柱配置及出挑方式十分丰富，可形成多种方式。

白族民居院门 白族民居是非常讲求建筑美学的。其院可分为有厦与无厦式两大类。有厦式门楼即带有瓦屋顶的门楼。其形制来源于三间四柱三楼的牌坊形制，但完全砖石化了，而不显其柱枋结构，部分保留上部斗栱及檐椽，屋面为庑殿式瓦顶。最华丽的是在当心间设计出七层出挑的如意斗栱，雕刻的封檐板，彩绘的额枋，全部木构五彩油饰。侧墙上镶嵌大理石或油绘花鸟画等。因其屋檐翼角挑出深远，故又称为出角式门楼。稍简易者顶部不用斗栱木椽，改为砖封檐。再简易者，全部改为砖封檐，仅留三楼形式，称平头式门楼。无厦式门楼即为没有屋顶的砖门楼，是近代才发展起来的形制。其造型由两侧砖墩及门上的三角形（或梯形、山花形）门楣组成。门楣及砖墩皆砌出几何式的线脚。门口可用弧券、梯形券、平券等，施工简单易行，但与周围墙壁上各种图案的贴砖相互映衬，繁简对比，色调统一，亦十分简素美观。

纳西族民居院门 其院门基本开设在围墙的一隅，属门楼式。门楼两侧为宽厚的空斗墙砌的砖墩，平置过目梁，上砌小屋顶，为双坡式或四坡式，有的在砖墩上也筑较低的小屋顶，形成一门三顶的格式。门扇装修安在砖墩中间。较为有特色的是在砖墩的靠外檐处，添加了一樘细小的檐柱装修，上部有垂莲柱承托的少许出挑。挑木头、垂柱头、花板等处施以木雕，皆极简单。纳西族民居院门的美学处理，不在人工雕饰，而全凭砖墩、屋顶、木装修等方面形式的变化，比较自由。

西北民居平顶门楼 宁夏、甘肃西北地区干旱少雨，民居多为平顶房。民居院门的处理亦适应这种条件，将其前檐木构改为平椽、平顶，仅檐头布置少许滴水瓦。有的富裕人家为突出门第，在两柱之间设置多根额枋及雕制的花板，枋上置出挑斗栱，五彩油饰，富丽堂皇。平顶式门楼不仅用于汉族民居，同时回族、藏族等兄弟民族民居亦多采用。

伊犁民居廊罩式大门　伊犁地区是多民族聚居区，除了汉族以外，尚有哈萨克族、维吾尔族、蒙古族、回族等十多个民族的民居。信仰以伊斯兰教为主。其民居院门除了墙门式以外，尚有一种廊罩式大门。因当地气候寒冷，为免受霜雪堵塞门口之虞，皆在房屋门板之外加设有罩门廊。这种廊罩受俄罗斯建筑影响，前廊有两柱、四柱不同规格，山花朝前，有三角形、弧形等式，柱身、栏杆、檐枋皆经装饰雕刻加工，特色显著。

维吾尔族民居墙门　南疆地区干旱炎热，居民多生活在院内廊下或室内，建筑外观简素，其外门亦十分朴素，仅在土坯墙上开设双扇板门而已。墙上无檐口及屋顶。双门扇间的掩口用雕刻花饰的方木，门钉三排并有花饰，有的门口之上开设栅状气窗。富裕人家在门框外沿加用雕花的贴脸及线脚木条。维吾尔族民居墙门属于简约型院门。

图 4-39　北京东城北兵马司胡同某宅随墙门

图 4-40　北京琉璃厂某宅西洋式小门楼

图 4-41 吉林永吉满族民居木板大门

图 4-42 吉林永吉满族民居木板大门

图 4-43 吉林永吉满族民居四脚落地大门

图 4–44 浙江兰溪诸葛村民居牌坊式门楼

图 4–45 浙江东阳卢宅砖刻牌坊式门楼

图 4-46 安徽休宁古城岩村石刻牌坊式门

图 4-47 浙江永嘉枫林村某宅门楼

图 4-48 四川邛崃民居的龙门

图 4—49 云南大理周城白族民居有厦门楼

图 4-50 云南大理喜洲杨品相宅有厦门楼

图 4-51 云南大理喜洲严家院有厦门楼

图 4-52 云南大理喜洲严家院侧门无厦门楼

图 4-53 云南大理喜洲某宅无厦门楼

图 4-54　云南丽江纳西族民居木构院门

图 4-55　云南丽江纳西族民居木构院门

图 4-56　云南丽江纳西族民居木构院门

图 4-57　青海同仁年都乎村藏族民居平顶门楼

图 4-58 甘肃夏河拉卜楞寺僧房平顶门楼

图 4-59 新疆伊宁维吾尔族民居廊罩式大门

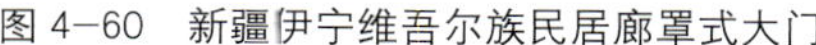

图 4-60 新疆伊宁维吾尔族民居廊罩式大门

图 4-61 新疆伊宁维吾尔族民居廊罩式大门

图 4-62 新疆伊宁维吾尔族民居廊罩式大门

图 4-63 新疆喀什高台区维吾尔族民居墙门

图 4-64 新疆伊宁阿依敦街维吾尔族民居墙门

图 4-65 新疆伊宁阿依敦街维吾尔族民居墙门

四、贴墙式门

苏州石库门 即在前檐墙或院墙开设门口，以石条为框、槛，内安两扇木门。有的民居在石库门上添设门罩及檐。富裕人家的石库门主要装饰在门罩的砖雕上。其门罩造型源于垂花雨罩的形式，但随着时间的推演，逐渐形成多层枋梁的构图，其雕饰亦渐繁复。用于内宅院的石库门的内侧雕饰更为华丽，是户主身份的象征。

徽州民居院门 徽州民居为高封火墙式，故其大门皆为贴墙式大门。其通行做法是在外院墙上开设石库门式门洞，以门洞为中心贴砌磨砖雕饰的门罩。门罩有四柱三间牌坊门式、二柱单间牌坊门式、无柱门罩式、垂花门罩式等样式，全部砖构，故出檐甚浅。门上皆有字碑题字。宅主人的富贫差别表现在门制规模大小、雕刻繁简及磨制工艺上。雕饰集中在大小额枋及枋间兜肚、坐斗上，富贵人家尚可采用高深浮雕。

南方木挑檐式大门 在浙江、江西、福建等地尚保存着木制挑檐式贴墙门罩。这种构造是比较古老的形式，对多雨地区应该说是不利的。为了加固出挑梁枋的稳定，皆有撑木支顶挑梁头。富裕人家可在木构件上进行雕刻，门樘上方有字碑及砖刻等。

青海庄窠式民居院门 庄窠为高墙式民居，故其大门亦为贴墙式大门。其形制为砖腿子靠墙单坡硬山顶，砖雕集中在檐下腿子墙的束腰部分，腿子墙内还设有木柱及一圈落地罩牙，只不过门口前的进深很浅，使腿子口、罩牙及门框口三层装修挤在一起，恐怕是受外墙墙厚的影响所致。这种风格一旦形成居民的共识，即使是在屋宇式大门的前檐处理时依然使用这种手法。

图 4-66 江苏苏州沧浪亭巷可园贴墙式门

藏族民居院门 藏居的门式与窗式雷同，简易者仅在门口上方由石壁中挑出两层短木椽，上压石片，形成门口挑檐。而一般民居墙门则在门口横梁上方挑出替木，出檐少许，上压木板土屋面，十分简单。只有贵族住宅的门檐才以巨大的藏式斗栱挑出檐枋，上托短平椽两层，上压石片及阿嘎土防雨。门口两侧以灰浆抹出上窄下宽的壁柱形状，涂以黑色。豪华的藏居大门表现在斗栱的硕大程度及彩绘的华丽上。巨攒斗栱为两层，上层平置小斗达 9 个之多。全部木构，多施鲜丽的彩绘。这种斗栱承挑的门式不仅用于院门，一些大型民居建筑之户门亦用此式。

福建客家土楼院门 福建客家土楼为多层集合式围屋住宅，有圆形、矩形或层楼穿插形等各种样式，为了防御的需要，仅在底层南向开设一个较小的门口。夯土外墙一般厚达 1 米以上，故门口设两层石门框，外为矩形，内为拱券形，并设厚重的木门扇，皆为防御考虑。门口之上有刻写楼名的石匾。

图 4-67　江西景德镇祥集弄 7 号贴墙式门

图 4-68　安徽歙县呈坎村民居石库门

图 4-69　安徽黟县西递村民居贴墙门罩

图 4-70　江西景德镇牌坊式贴墙门

图 4-71　安徽黟县西递村民居四柱五楼牌坊式贴墙门

图 4-72　安徽黟县宏村民居四柱五楼牌坊式贴墙门

图 4-73　江西景德镇玉华堂贴墙门

图 4-74　福建崇安下梅村邹家祠堂六柱七楼牌坊式贴墙门

图 4–75 浙江仙居民居木挑门罩式院门

图 4–76 浙江仙居民居木挑门罩式院门

图 4–77 安徽黟县西递村民居贴墙门罩

图 4–78 安徽屯溪老街某宅贴墙门罩

图 4-79 青海西宁庄窠式民居院门

图 4-80 青海湟中鲁沙尔庄窠式民居院门

图 4-81 西藏拉萨藏族民居院门

图 4-82 西藏林芝藏族民居院门

图 4–83　西藏林芝藏族民居院门

图 4–84　福建南靖梅林乡坎下村怀远楼客家土楼入口

图 4–85　福建漳浦锦江楼客家土楼入口

五、内院门

儒家所创导的礼制规范在建筑中有鲜明的体现，民居也不例外。礼制要求君臣、父子、男女、主仆、主宾之间应有区别，故民居的房间安排要有上下、左右、高低、前后的要求，以示尊卑、长幼之别；总体布局上要划分内外，以示男女、主宾之别。所以再小的合院式民居也要中间设一道院墙，划分为内外院，保持家庭私密性。外院接待一般宾客，外宾不进内院，家中妇女不见外客，内院为居住用房，内客厅接待至亲好友，一般妇女不出内院门。所以内院门成为民居内部的重点建筑，被赋予极大的美学关注。

内院门又称二门，但某些大型民居内部不止一个内院，因此可以出现多个内院门。假若超大型民居为多进多轴线的布局，除内院门之外，尚有角门、侧门等诸多交通通道，以联系全宅。但这些辅助用的内院门的造型都比较简单。

有关各地内院门可举出一些有特色的实例：

北京四合院的垂花门 为单开间悬山建筑，开间八尺至一丈，进深稍大于面宽，主梁前端穿过前檐柱向外挑出，并在挑出的梁端各吊一根垂柱，垂柱下端雕刻精美花饰，故称此门为垂花门。前檐柱间安设木板门，昼开夜闭，后檐柱间安屏门四扇，起到遮挡视线的作用，遇有婚丧大事才开启，平时家人走两侧抄手廊进出。垂花门的屋面有两种，一为一殿一卷式，使用较为普遍，即前部为带脊的悬山，后部为卷棚悬山，两部分勾搭在一起，前后看来形式不同；一为单卷棚式，即一个两坡卷棚屋顶。垂花门是四合院中最华美的建筑，前檐梁头雕成麻叶头，垂柱头雕仰莲、连珠、二十四气，帘笼枋与罩面枋间有透雕花板。罩面枋下有雀替或花牙子、花罩，屏门上有斗方题字，抱鼓石上精雕细刻，同时全部梁架及木配件为五色彩画油饰，垂花门是各种建筑装饰手法在民居中集合大全之处。当四合院中不设抄手廊时，此院二门多用四扇屏门即随墙而设的随墙门。

晋中民居的牌坊门 晋中民居内外院的厢房多连为一体，中部设院墙及院门，将院子分为内外两部分。内院门为牌坊式的居多。牌坊为两柱单间式，两柱与院墙相并，为了稳定，在柱的前后加设戗木或夹柱石支撑。门扇设在柱间，两扇四扇者皆有，屋面下有斗栱，复杂的斗栱可出跳至五跳。两坡悬山瓦顶，高出院墙。其装饰手法表现在抱鼓石、石础雕刻、屋面的脊饰、木架上的罩牙、斗栱及彩绘上，有的还做出垂莲柱出挑。牌坊门两侧墙一般为磨砖砌造，附有砖雕及砖刻题词，与院门协同形成华丽的装饰面。牌坊门亦有做成四柱式的，除设门的两柱外，向内另设两柱，柱间设屏门，平时不开启，以隔绝视线。此外，牌坊门亦有做成两柱独立牌坊式，或两柱附墙牌坊式，甚至无柱垂莲出挑式等多种变体。这些形制的院门亦可用于建筑物的门罩。

江南地区的石库门 石库门的含义就是防火门。用于高耸的外墙院门时，门框材料为石材，门槛亦为石材，门头为砖雕或石雕贴饰，木门板外还加钉尺二方砖，其他全无引燃之物，故名石库。但石库门用于内院门时却成为重要的装饰性小品建筑。内院石库门不同于宅门，即在门内侧朝院方向，贴墙建有砖雕门楼，其形制来源于木构垂花门楼，但完全砖石化。进一步变体形成的形制分为三部分：下部为砖垛头，呈抹斜状；基部配有勒脚，这部分是木柱的变体；中部为下枋和上枋两条砖雕细砖。上下枋之间有较宽的距离，分隔为三部，两侧称兜肚，中间称字碑，可题写嘉言褒句。这部分是垂花门的上下枋及花板的变体，扩大了花板的高度，形成字碑。上枋两侧为垂莲柱。上部为屋面，有砖刻斗栱或挑砖（称三飞砖），上覆歇山、硬山式的合瓦屋面及花色屋脊。石库门的中部是雕饰的重点。简单者仅雕有线脚、纹头。复杂者可在上下枋枋面雕饰镂空花叶及狮子绣球等图案，兜肚内雕人物戏出，甚至将字碑部分也雕成故事图案。富户往往以“千工雕作”的石库门作为夸耀门庭之资本。从中部构造形制及雕饰风格状况，往往可以推断出此门楼的建造时代。江南民居的石库门表现出一种素雅之美。从厅堂内观赏石库门，可见对面粉白院墙中间雕镂精致的灰青的门脸，再配以院中花木，十分典雅清幽，阴凉宜人。苏州石库门楼与北京垂花门齐名，同为装饰性极强的二门形制。

曲阜孔府的戟门 这是一项特殊的实例，在府门之内中轴线上单独设置，呈四柱三间牌坊式。前后檐皆挑出垂莲柱，明次间屋顶有叠落，大式瓦作悬山顶屋面，双面抱鼓石，五色彩画油饰。二门设在圆形台基上，十分庄严华美。门扇设在中间，平时关闭，戟门虽为门设，实际起到影壁作用。山西等地亦用木制牌坊作为标志性的门饰，仅起到认识入口的作用，并无启闭功能。

各地角门、侧门 角门、侧门的形制较简单，多采用小门楼式或垂花式。近代民居亦有采用砖墩铁花的式样。晋中考究的民居正房的入口前加设两柱式的门罩，完全木制，与正房的窑洞立面形成对比。这种手法可与木制牌坊式的内院门相互呼应。

图 4-86 北京西城郭沫若故居垂花门

图 4-87　北京文昌胡同程宅垂花门

图 4-88　辽宁沈阳张作霖帅府垂花门

图 4-89　辽宁沈阳张作霖帅府垂花门细部

图 4-90　辽宁辽阳彭宅（现辽阳博物馆）垂花门

图 4–91 天津杨柳青石家大院垂花门

图 4–92 山西祁县渠家大院内院牌楼门

图 4-93　山西榆次常家庄园广和堂内院门

图 4-94　山西灵石静升村王家大院凝瑞居内院牌楼门

图 4-95 山西襄汾丁村民居 11 号院内院牌楼门

图 4-96 山西灵石静升村王家大院桂馨书院下院叠翠轩内院门

图 4—97 山西襄汾丁村民居 11 号院内院门

图 4—98 山西榆次常家庄园人和堂内院门

图 4–99　江苏吴县东山春在楼砖刻石库门

图 4–100　江苏吴江黎里镇柳亚子故居砖刻石库门（明代）

图 4–101　江苏苏州网师园砖刻石库门

图 4–102　浙江余姚王阳明故居石库门

图 4–103　江苏江阴赞园砖刻石库门

图 4–104　江苏常熟翁同和故居彩衣堂砖刻石库门

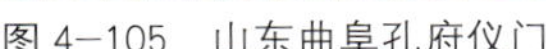

图 4–105　山东曲阜孔府仪门

图 4–106　河南巩义康百万庄园角门

图 4–107 四川大邑刘文彩庄园内角门

图 4–108 辽宁辽阳彭宅院内侧门

六、影壁

谈到院门，则不能不介绍影壁，因为它是配合院门入口设计的组成部分。传统民居的空间布局不希望观者的视线直观全院建筑，一览无余，所以必须设置构筑物或建筑以隔绝视线；同时也不喜欢经常目视之处杂乱无章，毫无秩序，故目视所及的隔断物需加以装饰。而经过装饰的墙壁——影壁，就是这种功能的产物。院门是经常出入之处，内视外视都需要借助影壁的遮挡作用。影壁是东方院落式布局建筑的特殊产物，在西方建筑的集中团块布局中不可能产生。

影壁的设置有多种情况：

（1）设于大门的对面，又可称之为照壁，是从大门外视的遮挡墙壁。门前是巷道或广场，照壁设在对面，多为大型民居应用。形式有一字照壁、冂字照壁及撇小八字照壁。按照视线调剂的需要，对院内正厅的对面墙壁亦加以装饰，以成视觉焦点。这样的照壁已不是遮挡作用，而是丰富点缀的作用，典型的实例就是云南白族民居的“三坊一照壁”中的照壁。此外，山西、山东及西北地区的民居亦有许多实例的大门是开设在侧面（东西向），入前院转折入二门进内院。对二门的墙壁往往也装饰成影壁，成为由内院外视的重点。也有的将照壁设在大门对面的墙壁上，这些都属于装饰性的照壁性质。

（2）设于大门内部，迎门而设。单独建造的称独立影壁；依靠厢房或厢房耳房的山墙而建的称坐山影壁。在北京、山西、陕西、甘肃、山东、河南等北方地区，这种影壁十分普遍，形制多样，普遍采用砖雕和磨砖来装饰影壁。

（3）木影壁多单独设置于二门以内的内院中，以防外人内窥。设置木影壁的民居二门多无屏门。木影壁全为木制，有提环，可移动，遇有婚丧大事可移至别处。木质易腐，故须经常油饰。

此外，尚有民居在大门外两侧设置八字影壁，以增强大门的气势，并非遮挡的需要。

从装饰美学的角度来看，南北方影壁的装饰手法略有不同。北方以砖雕二柱门形式贴建在墙壁上，即在基座（或须弥座）上立两柱，柱顶托额枋、平板枋，两端出头，上托斗栱（后改为枭混砖）檩椽，上覆瓦顶，两侧以实墙填齐。考究者皆以磨砖制作上述各种构件，柱内墙心为清水磨砖或白灰抹面，称为硬心与软心。影壁的装饰价值皆表现在影壁心装饰的精细程度上。北京四合院的影壁一般皆取中心四岔式，中心为团花或长方形砖匾，书写“鸿禧”、“戬谷”、“迎祥”、“迪吉”、“凝厘”、“延禧”、“平安”或“福”字等吉祥语句，四角为对称的卷叶花。山西、河南等民居的影壁亦有采用整幅雕刻图案的实例，内容有福禄寿三星、松竹梅、花鸟植物等。还可用文字装饰，如百寿图或箴言集句等。

南方民居影壁多以一字墙壁为主体，外墙抹灰制作。其装饰手法可将墙体分段跌落，增加墙顶变化；每块墙壁周圈加饰小池子；墙顶有硬山、悬山、庑殿诸式的变化；影壁心及边饰小池子中可彩绘花草人物图案；影壁心可镶嵌大理石或题写文字；福建一带民居亦有用青石雕刻图案的，亦有用清水素面砖的。至于影壁上的字碑，浙江一带喜欢用于上部，闽粤地区则置于墙体中部。总之，南方的影壁花式繁多，用材各异，色感突出，风格清丽。

影壁的美学价值就是遮丑露美，吸引人们的视觉注意。壁体中心可以用文字题刻，亦可用图画雕刻或磨砖素壁，再配以盆栽、玩石，形成立体的画幅，使墙壁艺术化、人情化。对于光洁无物的现代主义建筑应该有所启迪。

图 4–109 北京东城板厂胡同某宅照壁

图 4–110 辽宁沈阳张作霖帅府大门照壁

图 4-111　山西榆次常家庄园祠堂院大门照壁

图 4-112　山西榆次常家庄园祠堂院内院影壁

图 4–113 山西祁县乔家大院 1 号院内影壁

图 4–114 浙江宁波秦氏宗祠大门照壁

图 4–115　甘肃临夏马步芳东公馆内院影壁

图 4–116　山西榆次常家庄园贵和堂院内影壁

图 4-117 北京门头沟斋堂镇爨底下村民居影壁

图 4-118 山西祁县乔家大院 4 号院内亭式影壁

图 4-119 云南大理喜洲某宅院内照壁

图 4-120 云南昆明民俗村白族民居内照壁

图 4–121　浙江建德新叶村民居影壁

图 4–122　福建崇安下梅村邹宅后厅照壁

图 4-123　浙江宁波天一阁范氏故居院内影壁

图 4-124　北京四合院内木影壁

图 4-125　北京四合院内木影壁

图 4-126　北京四合院内木影壁

图 4-127　北京西城护国寺街 9 号四合院内木影壁

图 4-128 北京四合院内影壁心题刻

图 4-129 北京四合院内影壁心题刻

图 4-130 北京四合院内影壁心题刻

图 4-131 北京四合院内影壁心题刻

图 4-132 北京四合院内影壁心题刻

图 4-133 北京四合院内影壁心题刻

伍·结构之美

中国古代民居建筑应用砖石拱券结构或混合结构的仅占少数，此皆为近代才开始应用的结构方式。传统民居中占主导地位的是木结构，持续使用了近两千年。木结构不仅要坚固、稳定、合理，而且其形式上的美学处理，也是历史匠人追求的设计目标之一。结构的美不外乎其形式的有序性与变化性。结构是根据荷载及力学分布的状况而设计的，为了传力简单明确，施工简便易行，故其结构形式都是有序的，有极强的统一感，所以人们追求的是在统一中增加变化，以显露其个性。民居体量小，构架简单，并已定型化。同时承重杆件关联到建筑安全，亦不可随意改变构件形态而加以美学处理。因此，结构的变化性多表现在节点、端头及附属杆件上，既不伤本，又有变化余地。

民居的木结构形制有四大类：即抬梁式、插梁式、穿斗式、平置密檩式。每种结构因此构造形式的差异，而有不同的美观处理的趋向，可结合实例来探讨。总的要求就是增加每座构架的特征，打破“千架类同”的呆板面貌。除此四类木构架外，民居应用的构架尚有干栏、井干、毡包、竹楼等。但这些构架的工艺简单，制作粗放，美学处理不多，因此不在此讨论。

木结构为杆件承传应力的结构，与现代建筑中应用的钢结构、钢筋混凝土结构有共通之处。故传统木结构的美学处理可以对当今建筑造型设计有一定的借鉴意义，当然还需要转化重生其艺术处理方式，这要依靠建筑师的灵感与功力。

一、抬梁架

抬梁式木构架即是在柱顶上架梁，梁上设驮墩，上面架次梁，递层而上，为梁端上架檩的构架方式。此式通行于中国北方及中南部分地区。北方地区气候寒冷，为保温需要，民居室内多设吊顶天花，故梁架皆为草架，不加装饰。而江南苏杭一带，气候温润，民居不设天花，梁架外露。其厅堂梁架更加修饰，苏州传统做法曾产生过圆堂、扁作、贡式三类形制。圆堂为断面较小的原木制作，贡式为拼木制作，装饰加工较少；而扁作是以矩形梁成作，多用于厅堂等大型重要建筑，美学要求高，其形式多经过加工，以期达到柔和、丰满、多变的效果。其修饰有四方面：①梁身采用月梁的形式。梁头微弯向下，入柱梁身减薄，两颊斜刻形成“拔亥”，梁底向上减少厚度，有的梁身两侧还修饰成微鼓之状。总之使矩形断面的大梁向柔性化方向改变。②细部构件装饰化。梁头下部加设梁垫，梁垫端头刻出蜂头，梁垫下部加设斗栱；瓜柱部分改为具有托梁雀替作用的寒梢栱。③梁身加以雕刻和彩绘。④增加附加的饰件。如脊桁处的山露云，抱梁云雕板，梁头斗栱上插的纱帽翅雕饰等。江南民居的厅堂的前廊，多设计成独立的天花，称为轩顶，由弯椽及望砖构成。根据弯椽形状，组成茶壶档、弓形、一枝香、船篷、菱角、鹤颈等不同的轩顶，更增加了厅堂结构之美。抬梁式构架的美学加工多限于构件端头表面及附件各处，构架本身尚保持完整，是其特点。

图 5-1　江苏吴县东山叶宅正厅梁架

图 5-2　江苏苏州狮子林水殿风来厅梁架

图 5-3　江苏无锡薛福成故居正厅梁架

图 5-4　江苏无锡薛福成故居过厅梁架

图 5-5　广东梅州禄华居正厅梁架

图 5-6　江苏常熟翁同和故居采衣堂梁架上山雾云雕刻

图 5-7　江苏常熟翁同和故居采衣堂梁架上纱帽翅雕刻

图 5-8　江苏吴江同里镇嘉荫堂前廊轩顶

二、插梁架

通行在南方地区的插梁架的美学加工最为显著。插梁架的特征就是檩条直接由柱（前后檐柱和瓜柱）来承托，而梁枋插在柱身上，是兼有穿斗和抬梁设计构思的一种构架方式。插梁架可以在屋面坡度降缓的条件下，均匀地、舒展地布置各层梁枋，增加梁架装饰处理的空间。原始的插梁架的构件并不宽大，但在南方的祠堂和民居正厅等重要建筑中，构件的断面被显著地放大，以造成宏伟的气概。所以也就造成了雕刻、弯曲、变形等各种加工手段的实施条件。

图 5-9　插梁架构矣图三例

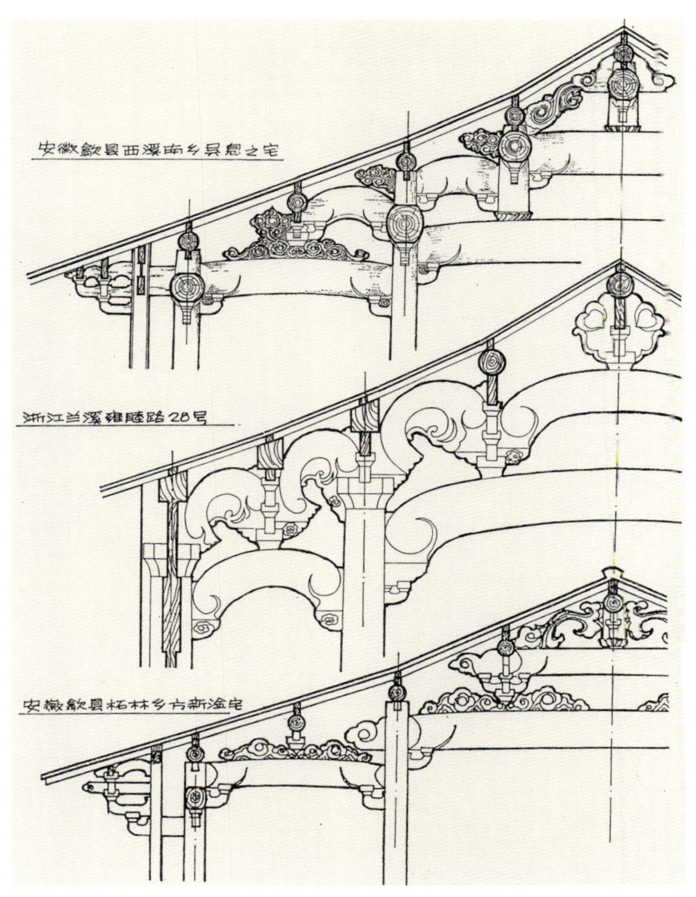

各地民居插梁架的美学取向也不尽相同。皖南一带的五架椽屋的五架梁及三架梁皆做成浑圆的大梁，两端稍微缩小，俗称为冬瓜梁，三架梁穿瓜柱出头雕成象鼻形，瓜柱下端置大斗承托，大斗有各式花样，整体看来雄伟简练。有的祠堂还在梁檩上绘有彩画，仅占少数实例。江西景德镇地区的插梁架与皖南类似，但很喜欢在梁底部位进行装饰雕刻，形成地方特点。

浙江东阳地区插梁架的雕饰最丰富，是著名的东阳木雕工艺的重要发挥场所。五架梁、三架梁的弯曲弧度更大，形成明显的月梁，梁端有阴刻龙须纹饰，飘动飞扬，增加了月梁的弯曲感。梁柱交接处设有梁垫（俗称梁下巴），梁垫三面皆有雕刻。最显著的改变是瓜柱部位，改为讹角大斗及斗垫承托的变形的十字栱承托上部檩条。随檩方向为花叶栱；随梁方向为卷曲状的板式月梁，由其外形类似猫拱背状，俗称拱背梁，浙中地区称之为“猫捧斗”。

图 5-10 浙江东阳民居插梁架构架图（白坦乡务本堂）

图 5-11 安徽歙县棠樾村鲍氏宗祠正厅梁架

拱背梁及大月梁的组合使整榀梁架产生弹性和运动感的美学效果，是浙江东阳帮木构技术的特色。虽然这样的美学加工已完全背离结构的本意，但却能充分显露出大型厅堂的威严之势。这可能是建筑美学中一种特殊现象，"出奇制胜"，以赢得人们的惊奇感受。东阳民居木构雕饰又称为"清水白木雕"，即原木雕刻后只涂清油，不涂色漆，保持木质的天然纹理及色泽，充分表现材料及技法的美丽。后期的浙中地区的插梁架也有采用矩形梁代替月梁者，但实例不多。在福建漳州及广东潮州一带有许多带有地方创意的插梁架。如将瓜柱部分做成多层斗栱的叠加，梁枋插入其间，称为"叠斗造"；有的按穿斗架的构造方式将长短瓜柱以各层穿枋相连接；有的在各层梁下加设随木，并且将随木做成透雕饰件。这说明闽粤地区民风崇尚华丽，对重要建筑构件赋予极大的美学关注。

在南方采用插梁架的重要建筑中尚有一种技术措施，即是在纵向各榀屋架之间增加横向联系枋，以加强整体结构的稳定。如随檩枋、寿梁、前后檐的额枋等。虽不承重，但用料巨大，纯为增加室内空间的气势。其中以明间前檐的大额枋尤为重要，民间称为"跨海梁"或"骑门枋"，并在这条构件上精雕细刻。构件上还设计有上枋、斗栱、透雕花板等，充分显示了业主的财力。对"骑门枋"进行重点装饰已成为南方民间建筑普遍的风尚。

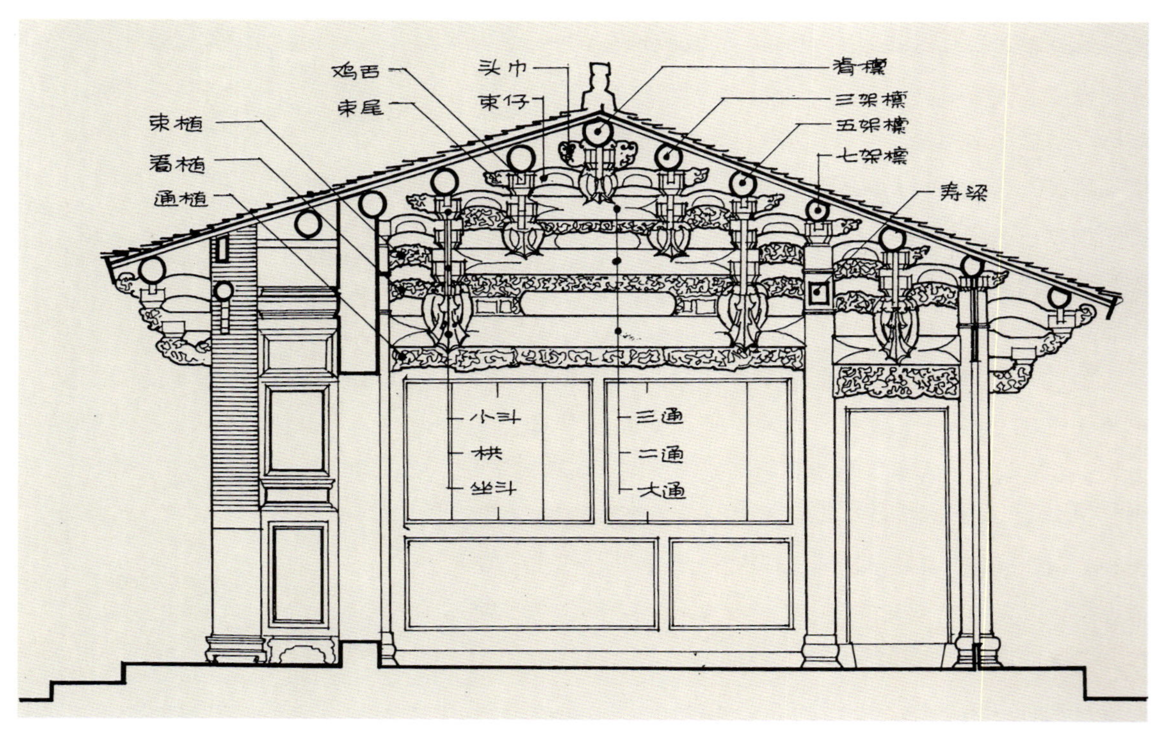

图 5-12 闽南民居插梁架构架图

有些民间建筑的构架也存在着插梁与抬梁混用的实例，如广州陈家祠的梁架即是一例，大梁插入柱身，而各层次梁却由柁墩承托，但上边又托以数层花栱才承托檩木，构架十分特殊。该例在美学的最大特点是通体为黑漆油饰，各层梁端的复杂的构造及雕饰与五层梁身的简素，形成对比，形成人字形的装饰构图，整体效果鲜明突出，在一般祠堂建筑中为少见的实例。

图 5-13　江西景德镇玉华堂正厅梁架

图 5-14　浙江兰溪诸葛村丞相祠堂正厅梁架

图 5-15　台湾宜兰黄举人宅正厅廊步梁枋及彩绘

图 5-16　福建漳浦陈氏家庙正厅叠斗式梁架

图 5-17　安徽休宁古城岩村民居正厅骑门枋雕饰

图 5-18　江西景德镇玉华堂正厅前檐骑门枋雕饰

图 5-19　江西婺源汪口村俞氏宗祠正厅梁架

图 5-20　浙江东阳卢宅肃雍堂山面梁架雕刻

图 5-21　浙江东阳卢宅正厅梁架

图 5-22　浙江东阳卢宅过厅山面梁架

图 5-23　浙江东阳卢宅肃雍堂过厅梁架

图 5-24　广东汕头潮阳区谷饶镇梅祖家祠梁架木雕（引自《汕头建筑》）

图 5-25　浙江永康徐震二公祠正厅前檐骑门枋雕饰

图 5-26　广东广州陈家祠大门梁架

图 5-27　广东广州陈家祠正厅前檐廊步梁架

图 5-28　台湾宜兰某祠堂插梁式梁架

三、穿斗架

南方气候温润，防寒要求低，民居建筑多采用冷摊瓦的轻屋面，故其结构多应用轻巧的穿斗架构架。穿斗架构造理念就是将屋面的檩条直接压在柱顶上，然后以“穿枋”将排柱串联在一起，形成横向构架，各榀构架间以“斗枋”联络，形成整座建筑。穿斗架用材多为杉木，一般构件断面较小，穿枋、斗枋多为板状，因此对构件本身不能进行雕饰、变形等艺术加工，表现出一种率直的结构形式。穿斗架建筑的外墙皆为填充墙，即在构件之间的空挡填以木板、石板、编竹、抹灰等材料，构架骨骼完全外露，柱枋交插，杆件分明。所以穿斗架建筑的美学意义全在于构件组织联络之美，包括落地柱与瓜柱的多少、瓜柱的长短、穿枋的宽窄与分布、穿枋穿柱的方式等诸多方面，欣赏穿斗架就是体会结构带来的美感。

根据瓜柱长短及穿枋是否通穿的条件来分析，穿斗架的基本形态有四种。即柱枋俱全的满枋柱柱落地式；减少落地柱改为部分瓜柱的满枋满瓜式；部分瓜柱减少高度的满枋跑马瓜式；还有在跑马瓜的基础上使部分穿枋断开，形成减枋跑马瓜式。古代匠人在减少用材，方便实用的基础上，不断改进穿斗架的形制。现存的各地实例中，满枋满柱的实例较少，大部分是减枋跑马瓜式，并且各地区也不尽相同。

四川地区穿斗架用材较细小，但穿枋增多，形成柱枋间的方格构图，尤其山墙部分的穿枋更多。方格内填编竹夹粉墙，更显构架纤细挺拔，杆件突出，间有几块粉墙改制为棂窗或屋门，丰富了外墙立面构图的变化。全部木构皆为清油刷涂，秀丽天成。

浙江温州南溪江地区的民居穿斗架亦是白粉墙填充，但是有的穿枋不是通料，两枋在中柱处错位对接，左右穿枋有少许高差，同时柱间又增加竖向立颊，使得粉墙被分隔成横竖交错的构图，这些都增加了立面的变化。

贵州贵阳花溪地区出产页岩石板，当地用之为穿斗木架的填充墙板，按柱间尺寸切割。其木柱简单切割成方形，穿枋扁宽，以便安装石板。基墙以片石垒筑，屋面为石板瓦，全体为木石混构，自然质朴的风貌给人们留下深刻印象。广西、贵州等地的少数民族，如壮族、侗族等的半楼居式住居皆为穿斗式构架，其进深较大，有的达到 10 米以上，布置檩木达 20 根，故其穿枋皆分段铺设，大量应用短小的瓜柱，以节约木材，可以说是矮小的跑马瓜式。其纵向稳定是依靠众多的檩木及楼面木楞支持，有的在墙身多加穿枋。桂黔地区少数民族的穿斗架，用料较大，不加砍凿，不刷清油，保留原生材质，外观显示出宏大、简朴的美感。

穿斗架构造方面的唯一美学加工，就是前后出檐的挑木装饰。根据出檐挑出的长度可有单挑、双挑，甚至有挑出有三根挑檐檩的三挑。伸出的挑木有的与屋架穿枋为一体者称硬挑，若为另加的挑枋为软挑。加强挑木的承挑能力可以用撑木或牛腿，也可用花角撑，或下边用撑栱承托，这些构件都是雕刻加工的重点部位。支顶挑檐檩的瓜柱可直接骑在挑栱上，也可下用托斗压在挑栱上，或者下垂插在挑栱上，这种吊瓜柱的柱头皆雕饰出各种花饰，如花篮、瓜果、动物、宝球等。西南地区民居穿斗架房屋的檐部挑木形式花样繁多，是显示技艺美学的一个主要部位。

图 5–29 广西隆林科风寨苗族民居满枋满瓜式穿斗架梁架

图 5–30 四川忠县石宝寨民居穿斗架梁架

图 5-31　四川广安协兴镇邓小平故居穿斗架

图 5-32　四川夹江民居穿斗架

图 5-33　四川达县亭子乡张宅穿斗架（引自《中国美术全集》，左上）

图 5-34　四川自贡民居穿斗架（左下）

图 5-35　四川潼南双江镇杨闇公故居内私塾建筑穿斗架（右上）

图 5-36　浙江永嘉上岩头村民居穿斗架（右下）

图 5-37　福建闽侯民居穿斗架

图 5-38　湖南吉首德夯村苗族民居穿斗架

图 5-39　贵州黎平肇兴大寨侗族民居穿斗架

图 5-40　广西隆林张家寨苗族民居穿斗架

图 5-41 贵州贵阳花溪大坝井村布依族民居穿斗架

图 5-42 贵州贵阳花溪青岩镇燕楼村民居穿斗架

图 5-43 四川凉山彝族民居穿斗架挑檐六例

四、平置密檩

平置密檩木构应用在藏族及维吾尔族民居中。但藏族居住地区寒冷，外墙厚重严实，将木构完全遮盖，因此结构加工较少。维吾尔族居住地区冬寒夏热，一般民居皆有前廊作为夏季生活场地，故其廊柱及檐口的艺术加工较多，具体反映在柱身、柱头、梁托、出檐的封檐板等部位。柱身有圆、方、八角、变截面等不同断面，兼有花式柱出现。柱头梁托（替木）多作卷叶形曲线。檐部檐头梁的外侧饰以雕刻的贴花板，檩端封檐板为一层或二层的雕花板，上为压檐砖。维吾尔族民居的檐部处理是相当丰富的。近代以来，维吾尔族民居在廊柱间又加饰了拱形花板益增民族风味。维吾尔族民居室内屋顶构造是在平置密檩上排列白杨木条作为屋面基层的，因此对檩条进行雕刻并涂以彩色与白杨木椽形成对比，是维吾尔族室内空间美术的民族特色。

图 5-44 新疆伊宁阿依顿街维吾尔族民居前廊装修

图 5-45　新疆伊宁果园街四巷 8 号维吾尔族民居前廊装修

图 5-46　新疆喀什乌斯唐布依街 239 号维吾尔族民居楼廊装修

图 5-47　新疆喀什高台区喀日克代尔瓦扎路 85 号维吾尔族民居前廊装修

陆 · 材料之美

传统民居建筑本着就地取材的原则，大量的建造材料是使用的天然材料，包括木、石、土、竹、草、白灰、石膏，以及由土加工成的砖、瓦等。这些材料都是当地可以得到而不必长途运输的，因此是最经济的建筑材料。为了进一步提高建筑的美学质量，工匠们可以用雕、塑、绘等手工工艺技术对这些材料进行美学加工，使之增加思想表现内涵，形成建筑装饰艺术。但同时工匠们又非常注意材料本身的质感、形体、颜色的美学价值，尽量地开发出它们的特性，形成了独特的建筑美。材料之美是民居建筑在"实用、经济、美观"三要素综合体现中的重要一环。

对于民居建筑材料的审美取向可以从四个方面去观察。首先是材料运用的技巧性。任何天然材料运用到建筑上，都必须经过检选、加工、砌筑或贴饰，形成建筑实体。在这过程中，要充分考虑统一协调的美学要求，同时又要有一定的变化，才能展现出个性。若处理得巧妙的话，可达到朴素中见清纯，无为作而有获的美学效果。体现这种技巧的实例在成熟的民居建筑中是屡见不鲜的。

其次就是材料间搭配组合的对比性。这种对比可表现在整座建筑选材上，也可表现在局部墙体或地面上。材料间的对比主要是其质感与色彩之间的关系，即粗细、硬软、明暗、浓淡的区分，至于是否为对比色或谐调色并不重要。因为天然的建筑材料的颜色基本为灰色调，本身具有统一的因素，颜色感并不强烈。不同建筑材料的组合搭配，增加了建筑面貌的个性，提高了人们观赏建筑的兴趣。

其三是建筑材料加工的精细度。将普通材料经过切割、磨光或整形，改变其视觉效果，亦是提高材料美学的手段之一。例如北京民居使用的青砖多经过砍削、水磨等精细加工，形成磨砖对缝、混为一体的墙面，称为干摆砌法或丝缝砌法，用在影壁心、正房下碱或重要房屋的山墙上。如闽南的磨光青石，光洁照人，效果突出。又如苏州民居园林用的铺地石子皆经过拣选，选择色泽、大小一致，呈片状的石子应用，以造成精致的效果。南方村镇祠堂中经过精细加工的巨大楠木制的棱柱及微弯浑圆的大梁，充分显示了材料的高贵及美感。

其四，采用稀有建筑材料。民居大量使用的砖、瓦、灰、砂、石其形态是相同的，但在某些特殊地区或资金充裕的人家采用一些不常见的材料，增加了人们的新鲜感，在"物以稀为贵"的思想的折射作用下，引发人们的美感享受。如云南大理地区的大理石材被大量应用在壁饰、挂屏、影壁等处，有的人家也用在地面铺装上；又如楠木、花梨木用于重要厅堂的构架用材及家具用材；有些高级住宅开始使用玻璃镜片、黄铜、大漆及金箔等高级材料。皆是以稀有材料博取人们的关注。

天然材料由于产地不同、地质状况不同，因此在材质、色泽方面会产生差别；就是人造材料的砖瓦由于土壤的矿物质含量不同，烧制方法不同，也会产生颜色的变化。因此，可巧妙地利用材料的视觉特征，创造不同的观感，材料本身就是美观的源泉。因此，当前在建筑材料的工业化生产条件下，如何开发出新材料，以及扩大习用材料的品类，为建筑创作提供更广阔的天地，是建筑业应考虑的问题。

一、运用技巧

民居建筑的各种材料都会遵循坚固、快捷的合理方式去运作，其外观形式必然是一种有序的面貌，带给人们美的享受。但操作技巧各不相同。石材可分为块材（粗加工的毛石）、板材、片材、卵石等数种，一般用来砌筑墙体或铺设地面。铺设街巷多用石板或卵石，以坚固为目的，加工较少，仅在园林中刻意变化。极薄的片石可作屋面石板瓦，以防雨为技术目的，搭盖严密即可，不求美学加工。而砌筑石墙却各有巧思。毛石砌筑一般选取大块在下部，小块在上部，保持稳定，并有渐变的效果，毛石周边要互相搭接，部分毛石应丁头伸向墙内，相互拉接。藏族民居的砌石技术十分娴熟，虽然使用毛石，但基本上经过选取，形成水平的石层，并且错缝。拉萨一带碉房建筑的毛石墙体，虽然每层的毛石大小不一，但采用小石块、石片将其垫平，形成水平层，然后逐层垒砌，形成有规则的水平线条。有的地区民居采取自由的乱砌法，但是选用不同颜色的石材，相互搭配，形成色彩斑斓的效果。浙江泰顺地区石墙虽为乱砌，但选取不同颜色的大小卵石，用45°斜置办法，相互依靠，自然之中显现变化，别有风趣。贵州贵阳地区出产石质板材，用之垒砌石墙、台基、堡坎，形成密集的水平线条，使街巷和墙体增加了方向感。还有的地区以大量的页岩石片干摆叠筑墙体及屋面，产生密集的短线肌理，密密麻麻的外观是石材墙体少见的例子。浙江天台地区出产花岗石石板，厚约6～9厘米，高约200～240厘米，用作单板外墙，内部与构架相拉结，具有干净挺拔的外观，再配以小青瓦、立砌陡砖，使民居外观显得精致小巧，特色浓郁。浙江温岭地区亦用石板外墙，但是为横置，两端石立柱侧面嵌有卡槽，以固定石板，另有特色。

土质材料的墙体亦有美学效果。农村大量应用的夯土墙（即版筑墙）的做法为：在墙体两侧立夹板，夹板高约30厘米，内部填土夯筑结实，成为墙体。夯完一层，将夹板提高，再筑二层。这样每层之间会留出明显的水平横缝，这就为朴素的土墙留下线条纹路，产生规律美感。有些地区的夹板是由数根椽木组成，则椽木间留有余土，使夯土墙的表面不仅横线条加多，而且显得粗糙不平，造成质感的变化。浙江丽水地区的夯土墙采用块状夯法，即每版高约1米，宽约1米，这样的夯土墙不仅有横缝，还有相错的竖缝，形成方块状的墙面缝分格，具有整体感。农村应用土坯筑墙亦很普遍，各地土坯尺寸不一，但是砌法皆类同砖墙。即每层土坯用平砌、立砌、丁砌相互错缝摆砌，形成规则的纹路，在阳光照射下形成装饰效果。在某些土窑洞的崖面处理中，将粉光抹平的光洁的窑脸和券口，与粗糙的土崖壁面形成对比，同样色质的土壤却可产生出变化。西藏民居外墙的泥土抹面，采用手抓拉毛，形成图案，既粗犷，又带有美化的意味。

竹材的美学效果主要靠编织的手法。利用剥制的竹条或竹篾的宽窄、反正、色泽的不同，可编织出不同图案的竹席，如人字、斜纹、万字、斗方等。竹席可用作外檐的围护墙壁，也可用于室内天花，在不同角度观看可出现不同的纹理。较宽的竹条还可编成竹栅，用于南方民居的通风窗。竹栅亦有各种编法。江南大户人家的入口板门外表，常以窄小的竹片钉成斜纹格，黑色的竹片与金色的帽钉，组成有光影变化的图案，十分美丽。

草屋顶是最原始的建造形式，一直流传至今，在热带及少数民族聚居的山区仍然袭用。经过

图 6−1　西藏拉萨冲赛康藏族民居石墙

图 6−2　福建华安沙建乡宝山村升平楼石墙

图 6−3　浙江泰顺三魁村刘宅彩色卵石混砌墙

图 6−4　贵州贵阳花溪镇山村布依族村寨片石墙

多年的建造经验的积累，草顶结构方法逐渐规则化，并产生一定的美感。云南傣族、布朗族竹楼式民居的苫草方式是预先将稻草绑制在一根竹片上，形成草排，然后将草排绑在屋架的椽条上，水平布置的草排层层叠压，外观显现为水平层的线条，而内部则为光洁的草缕，杂乱无序的稻草经过整理产生了统一协调之美。云南佤族、拉祜族民居的苫草方式是另外的做法。在竹制屋架椽条上相隔 40~50 厘米绑制一排排的竹片，将稻草搭在竹片上，根部折叠而下，挂在竹片上，然后在根部再绑压一条小竹片以固定。室内草根下部剪齐，形成一排排的稻草垂幕，成为室内天然的装饰物，这说明构造技巧同样可以产生美感。

图 6-5 山东荣成海草房的毛石墙

图 6-6 广东南雄始兴镇象山村客家围屋卵石墙

图 6-7 贵州贵阳花溪石板寨民居乱铺石板瓦顶

图 6-8 安徽青阳九华山民居斜砌菱形石墙

图 6-9　河北邢台路罗镇英谈村民居石板瓦屋面

图6-10　台湾南投日月潭九族村排湾族民居片石墙及屋面

图6-11　甘肃迭部民居斜砌片石墙

图6-12　西藏拉萨藏族民居手抓抹泥墙

图6-13　云南元江哈尼族土掌房村寨民居夯土墙

图6-14　青海互助五十乡土观村土族庄窠式民居夯土墙

图 6-15 云南瑞丽喊沙寨傣族民居编竹墙

图 6-16 云南泸水洛木卓乡新村傈僳族民居编竹墙

图 6-17 云南西盟岳宋乡岳宋大寨佤族民居草顶内檐构造

图 6-18 云南孟连景信乡贺恩寨拉祜族民居草顶内檐构造

图 6-19 浙江绍兴三味书屋竹皮门

图 6-20 安徽屯溪程氏三宅内的竹席天花

二、配置对比

民间建筑虽为木构建筑，但大多数情况下其木构架是包在墙内的，对外显现的是墙体，包括建筑外墙及院墙。墙体对建筑外观的观赏质量起了重要作用。根据就地取材、降低造价的原则，民居墙体可采用多种材料搭配使用。最常用的材料为石材、型砖、土坯砖及抹灰墙，这几种材料在合宜的环境中可组合出不同形态的墙体，成为乡土建筑的朴素的美感源泉。

石墙使用得最多，只要有山岗就可采用不同的石料，山涧水流中也可采集卵石，它们都是廉价材料的来源。石料运用中，可以毛石与片石搭配使用，各色毛石混砌，刷浆毛石与原色毛石相间，下部片石与上部土坯砖叠砌，卵石与片砖叠砌，片石与木构建筑外檐的石板填充墙相对比。还有的以毛石砌基座、土坯（或夯土墙）砌墙身，楼层为木构建筑，从下至上为三色材料，质感由厚重转为轻薄，具有很明显的韵律感。

福建泉州地区盛产石料，有花岗石、青石、页岩片石，并且，当地的红色型砖颜色异常鲜艳。因此当地民居的大门及外墙兼收各种材料来装饰墙面。如南安官桥乡的蔡氏民居大门就用了砖、石、灰、木等五种材料。门口柱壁用石，上檐用木，青石、红砖点缀其间，造成华丽的效果。泉州民居还有一种独特的垒墙技法，即砖石混砌，以基本为矩形的毛石为主体，石间以红色片砖填砌，就是不规则的毛石之间也可用片砖补齐，形成规则墙面，当地称之为“出砖入石”。这种砌法的图案效果十分鲜明，红白相间、整碎结合，具有抽象图案的意味。

各地墙体还有一种填心的做法，即在砖石的墙框中心，填筑各种材料。如福建晋江地区的蛎壳、河南地区的礓石；有的地区填碎砖或土坯，外部抹白灰罩面等。这些材料搭配的做法使墙体的外观大为丰富，成为地区民居特色的组成因素之一。

图 6–21 台湾新竹民居宅门砌砖与石刻相配

图 6–22　福建泉州杨阿苗宅外墙红色磨砖与青石相配（引自《中国美术全集》）

图 6–23　四川康定折多山木雅藏居

图 6–24　福建晋江东海村民居蚵壳墙

图 6–25　福建永定古竹乡高北村民居的石土木相配构造

图 6–26　福建南安官桥乡漳里村蔡氏民居宅门石木相配构造

图 6–27　福建泉州民居出砖入石墙

图 6–28　福建晋江东海村石头街民居出砖入石墙

图 6-29 河南洛宁南彩乡民居礓石墙（左上）

图 6-30 福建泉州民居出砖入石墙（右上）

图 6-31 浙江温岭泽国镇民居石板抹灰墙（左中）

图 6-32 浙江天台民居石板陡砖墙（右中）

图 6-33 云南丽江龙泉镇民居土坯砖墙（左下）

图 6-34 浙江永嘉林坑村民居混砌石墙（右下）

图 6–35 贵州镇宁石头寨民居干砌方石墙

图 6–36 贵州贵阳花溪青岩镇镇山村民居片石墙

三、精细加工

在审美过程中有一种异化的概念，就是以该物品的制造难度或耗费工时来决定欣赏的走向，而不是以其艺术美和形式美的高低来评价。虽然这种现象为艺术家所不取，但社会却普遍存在这种趋向。一座加工繁杂、精细，用工甚多建筑，对拥有者来说可产生心理炫耀的满足感，对观赏者来说可产生视觉赞叹的仰慕感。从广义的美学来说，引发人们的满足与仰慕，也是美感的一种抒发形式。

对普遍通用的建筑材料进行精细加工，同样可增加美观的效果。如砖块可磨出不同形状来组合图案，甚至可磨出体积的变化，组成立体图案。砖块也可以剔刻出纹样，装填颜色，也可砌出文字图案等。室内铺地的方砖经过砍磨加工，铺在地面后，继续水磨，表面浸泡生桐油（称钻生），撒青白灰粉，扫净候干再水磨，制成后的砖地面平整、光洁、黑亮，完全改变了青砖的外观。同样，高级的民居构架采用贵重材料，如楠木、花梨木、柏木等，亦经过精细加工，表面光洁，纹理明显，不施彩漆，只用桐油刷饰，温润光滑，充分展现了材料质地的美感。

大量民居中使用精细加工材料的仅为少数，但却是审美中的重要内容，这类材料处理方式在宫殿、宗教建筑中有充分的表现，道理是共通的。

图 6–37 云南大理周城民居山墙贴砖及彩绘

图 6–38 云南大理喜洲严家院山墙贴砖及彩绘

图 6-39　江苏苏州东山杨湾村明善堂内院磨砖墙壁（有色差）

图 6-40　江苏扬州个园入口六角磨砖墙壁（有色差）

图 6-41　安徽歙县棠樾村鲍氏女祠清懿堂入口侧壁贴砖及砖刻

图 6–42　安徽歙县呈坎村民居槛墙贴砖

图 6–43　福建南安官桥乡漳里村民居墙面砖刻

图 6–44　福建南安官桥乡漳里村蔡氏民居墙面型砖组字

图 6–45 新疆喀什乌斯唐布依街 239 号维吾尔族民居砖墙砌筑图案

图 6–46 江苏苏州东山民居竹丝大门

图 6–47 山东栖霞牟氏庄园彩色拼石墙壁

四、稀有材料

“物以稀为贵”的规律同样体现在建筑中。虽然在民居建筑中的实例不多，但也可见一斑。例如磨光大理石板或带有云纹流动的大理石板成为高级民居的墙壁装饰材料，或制成挂屏悬于正厅墙壁上。岭南地区的祠堂或豪宅大量应用贴金，造成金碧辉煌的效果，表现财势。硬木镶嵌蚌片的“周制”家具在清末豪宅中也大量出现。最突出的实例要数浙江杭州的胡雪岩故居。故居中以楠木作为厅堂的构架材料；以福建产的大漆油饰大门门板，光洁鉴人；以黄铜制作门窗的合页、挂钩、看页、门环等；使用彩色玻璃及大镜片装饰内外檐装修等。这表现了清代末年财富雄厚的红顶商人的建筑审美观。

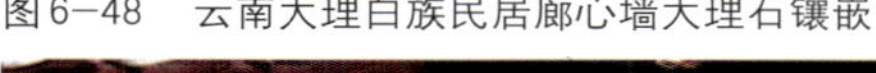

图6–48　云南大理白族民居廊心墙大理石镶嵌

图 6–49 云南大理白族民居廊心墙大理石镶嵌（引自《中国美术全集》） 图 6–50 浙江宁波秦氏宗祠门厅前轩梁架贴金雕饰

图 6–51 浙江杭州胡雪岩故居镜厅装修

柒 · 装修之美

“装修”一词是指建筑物的结构部分完成以后，对建筑的内外墙体、门窗进行细致加工，以期更为实用、美观的一项建造工作。在古代建筑中这些细部设计及加工多为木制工程，故“装修”则泛称之木装修。时至今日，我们仍然用装修一词作为对新购房屋进行内部加工美化的专用名词，当然其工种已经不仅是木工，而包括了门窗、墙面、地面、设备、粉刷、油饰、固定家具、厨具、卫具等由许多工匠完成的一项综合工作。

装修多施行于围护结构或分隔体的部位，它们并不承重，没有荷载传导的力学方面的考虑，可以有更多的自由度来处理形式美的要求，并无损于建筑的坚固性，因此，装修之美是民居美学的重要表现素材。

装修设计主要表现在外墙及内隔墙两方面。

外墙包括山墙、后檐墙及朝向庭院的前檐墙，其中重点是前檐墙。在传统民居中前檐墙大部分为木制，具有灵活多变的形制，采光及出入的门窗的种类亦十分多样，是美学处理的重点。

外墙使用的建筑材料有砖、石、土、木。砖墙有各种砌法，如北京地区有干摆、丝缝、淌白、糙砌等由细至粗的砌法，还有在山墙中心改为抹灰的软心做法。苏州地区的砖墙有扁砌与实滚之分，空斗墙有镶思与合欢之别，侧砌与卧砌相间，丁砖交叉互砌，总之可砌出许多花样。石墙多用于山区，就地取材，有块石、卵石、片石、石板等多种材料，可采用整石砌、乱石砌、乱石加垫层砌等。藏区还在石墙面上涂色和抹牛粪面层。土墙在中国早期应用最普遍，至今农村仍在使用。土墙有夯土墙、土坯墙，东北地区有垛泥墙等。

而木制外檐墙在汉族民居中使用得最普遍，一般使用在房屋的前檐，同时兼顾采光、通风、防寒功能，整个立面做成联体的门窗隔扇，称之为外檐装修。在传统建筑中内外檐装修是木制的，不同于西方砖石建筑装修，所以最具东方特色。在构造美学中，外檐装修是最丰富的，而且应用在全国各地，包括少数民族地区。外檐门窗的形制随地区气候及生活习惯而变化。寒冷地区用板门，而全国绝大多数地区皆使用带有棂格的隔扇门，一般分为四扇、六扇或八扇，可兼顾采光及装卸之需要（苏州称之为长窗，正厅三间完全用隔扇长窗，门窗不分，可全部开启或卸掉）。窗的形制更加丰富。有槛窗，即下部有约三尺高的槛墙，上面为四扇至六扇隔扇窗（苏州称之为半窗，其下部槛墙多为板壁或封死的栏杆，亦称提裙窗或地坪窗）；支摘窗，用于北方民居，槛墙之上分为两档，皆为双层窗，上为支窗及纱窗，下为摘窗及棂格纸窗，夏季支窗支起，可通风引流，冬季摘窗安妥，可挡风御寒，可以兼顾寒暑不同气候，在西北地区民居中亦有在柱间全固定的棂格窗，仅中间有一较大的支窗，天气燥热时，可以支起；和合窗，用于江南地区，在槛墙之上分为三档，中间一档可支，下一档可卸，调节通风气量；满周窗，用于广东地区，槛墙之上亦分为三档，为上下推拉的活扇，可推拉至任意位置，对调节室内微小气流的流动十分有利；花窗，即或方或圆的固定窗，一般其棂格组织更为丰富；横披窗，一般应用于厅堂等高峻的房屋，在隔扇门窗之上的空间设置横披窗，皆为死扇，可透光；推拉窗，即横向可推拉窗扇，多用于西北地区民居中；券窗，用于窑洞式民居，窗与门结合在一起，棂格组织十分丰富；在皖南地区的双扇窗之外尚加设一樘固定的栏杆式的腰窗，这样在内窗开启时，可免外人内窥。在一般民间建筑中，外檐装修除门窗以外，也包括一部分填充墙，以增加房间的密闭性。当然，外檐装修也包括有前廊的建筑的柱间挂落及飞罩、栏杆、坐凳等构件，它们同样具有美学加工的变化。仅从门窗形式角度来考察，现代建筑由于钢材、塑料的应用，及门窗五金的发展，各种传统门窗形式皆可制造，但门窗美学上的追求尚需在细部上付出努力。

内隔墙中大量应用的是木隔墙，取其轻巧、易加工、易改动之优点。南方民居内檐木装修用在正厅明间后金柱位置。因南方民居的前后交通，多由正厅后方转入后院，故需设置一樘装修隔绝后门。而北方民居的前后院交通是从室外通过，因此正厅无后门，厅内只需装饰后壁即可，故没有木隔墙。另外，园林建筑的鸳鸯厅中间的分隔墙，亦为重要的内檐装修实例。正厅的明间与次间的分隔墙亦多用木装修。内檐木装修的种类、形制非常多，可分为实体隔断、可开可闭隔断及意象分隔三类。实体隔断有砖壁、木板壁、书格壁等。可开可闭的隔断有碧纱橱，即用在室内的隔扇门，隔扇心可糊蓝纱，或糊纸裱字画，棂格变化自由，有较大的艺术性；还有屏门一类，可做成素板门或抹头夹心板门。至于意象分隔、隔而不断的内檐木装修的种类更多，其中罩类是主要形式，包括几腿罩、栏杆罩、落地罩、飞罩、花罩、圆光罩、八方罩、炕罩等，其他还有多宝格、落地棂花隔扇等。

民居建筑的内外檐装修是最丰富的。不像宫殿建筑的装修已经程式化，虽然富丽华贵，但形制已成定式；也不像宗教建筑是为信仰服务的，其装修必须是庄严、肃穆的。民居建筑的装修充满人性化的设计，依据人的喜好而制作，呈现出多样化的形制，贴近生活，为使用而装修，可创制出不同功用的装修体。而且也最能反映地域性和民族性。由于业主财力之不同，每一种装修形式都存在简略与繁复的不同处理方式，都有美学价值。明代人计成就曾指出，"凡造作难于装修"。因为住宅装修要"曲折有条，端方非额，如端方中须寻曲折，到曲折处还定端方，相间得宜，错综为妙"。即是说装修要有曲折变化，还要端方得体，整体相宜，既有理性，还需浪漫，故是一件很难的事。在封建社会对百姓建筑规定了"庶民庐舍不过三间五架，不许用斗栱、饰彩色"，禁令十分严格，但对其他各种装饰手法并无具体限令，尤其清代是装饰艺术大发展的高潮时期，群众对自己居所的美学追求大量反映在内外檐装修上，造成传统民居观瞻上的千姿百态、花样层出，把民居建筑美学推向一个新阶段。

内外檐围护结构构造做法甚多，各地区皆有特色。但从建筑美学角度来看，通过艺术处理达到增强视觉感受、增加变化趣味的效果，则有几方面的设计手法值得总结。即门窗棂格图案设计、异形窗式设计、内檐隔断体的设计及内墙饰面设计等艺术处理。

一、棂格图案

门窗棂格是最能体现图案美的建筑部位，大面积的建筑立面（三间或五间）被组织统一的图案所占满，形成织物般的纹饰，显现出构造美学的魅力，此为中国建筑的一项特色。虽然封建社会后期隔扇门窗的裙板、绦环板上亦有不少雕刻图案，亦有美的表现，但视觉冲击力较小，应属于装饰范畴的手法。

传统民居门窗棂格的演进亦有一段历史过程。早期从秦汉时期一直到唐代，民居的门窗皆很简单，门是单扇或双扇的板门，窗是固定的直棂窗，窗内是否糊纱尚不清楚。窗户的主要功能是采光与防盗，室内防寒主要靠帷帐，因此这时门窗的构造美学不突出。五代末至宋初，在我国南方地区出现了在板门的上部加设了直棂条的小窗洞，可能是格子门的先声。《营造法式》一书中所列举的宋代门窗类型中，已经出现了“格子门”的称谓，也就是明清时代的棂花隔扇门。宋代格子门的棂格子有四斜球纹与四直方格眼两种，实际在辽金时代的建筑实例中还出现了许多修饰过的板棂为主体的各种花棂格子门。宋代出现了“阑槛钩窗”，就是后代的槛窗，其采光部分亦是棂花隔扇窗。进入清代以后棂花隔扇门窗的花式更新更快，并且出现了支摘窗、推拉窗等带有棂格的新式窗型用于民居建筑。棂格图案也不仅限于宫廷建筑所用的三交六椀和双交四椀菱花，而出现步步锦、万字不到头、冰裂纹等不规则的图案，由短棂组成的图案大量出现。以后又引进了雕刻手法，从雕制卡子花进而雕制全部棂格。玻璃用于门窗以后，则棂格间距不受糊纸的约束，出现了许多疏朗的图案，开辟出棂格图案的新途径。从现存的传统民居的门窗棂格图案可归纳出七八类，它们都反映了构造技术的进展，以及地区民间的美学爱好。正如清初李渔在《一家言》中所说：“吾观今世之人，能变古法为今制者，其惟牎栏二事乎，牎栏之制，日新月异，皆从成法中变出。”棂格构造虽简，却变化无穷。

（一）直棂门窗

即由长的棂条纵横交搭形成的图案，是由直棂窗发展而成的。最简单的图案式样为一码三箭（直棂为主，隔一段设三条横棂）、豆腐块（纵横棂交搭呈方格状），明代时称之为柳条式。至今偏远农村的糊纸窗户尚在使用这种图案，市镇中一般传统民居也应用此式。柳条式棂格中加一些短棂，在图案中形成人字、井字、亚字的变化，可派生出许多图式。对于面积接近方形的支摘窗，则变体为纵横棂条相互丁接，形成步步锦的图式。在直棂图案基础上，在棂条之间加设小饰件，如工字、卧蚕、团花、卡子花等，进一步丰富了图案构图。直棂系列还可以45°方向交搭，形成与正交直棂柜互套叠的图式，在西北地区常用此式。

为了采光，古代的棂格门窗都是糊纸的，一般用高丽纸，考究的用宣纸。为了保证纸张不被风吹破，棂条间距不可过大，一般为8~10厘米，棂条厚与棂空的比例，根据隔扇门窗的大小而定，一般为1 ：3.5。南方雨多，怕窗棂淋雨而不用纸糊，采用蚌壳压制成明瓦采光，别具一格。由于直棂窗格图案是在一致的棂间空距下形成的，所以自然地显现出均布的图案格式，没有构图中心。

新疆维吾尔族民居的直棂窗棂格有两种形式具有地方特色。在和田、于田、墨玉一带的民居，喜欢用极细的棂条搭组成细密的格窗，作为室内内檐装修的隔断体使用。不糊纸，模糊可见内景，是一种隔而不断的设计。另外在喀什一带的维吾尔族民居喜欢用板棂组成窗格，板条两侧刻出各种凹凸变化，搭接起来形成各种规律的图案，别有情趣。

图 7–1　四川潼南双江镇杨闇公故居直棂窗

图 7–2　江苏苏州虎丘送青簃直棂窗

图 7–3　浙江桐乡乌镇民居直棂窗

图 7-4　浙江东阳卢宅肃雍堂穿堂厅直棂窗

图 7-5　北京西城鲁迅故居厢房直棂窗

图 7-6　青海循化撒拉族民居图案组合直棂窗

图 7–7 青海循化撒拉族民居图案组合直棂窗
（引自《中国美术全集》）

图 7–8 新疆和田维吾尔族民居细木棂花格窗

图 7–9 新疆和田维吾尔族民居细木棂花格门

图 7–10 新疆叶城维吾尔族民居细木棂花格窗

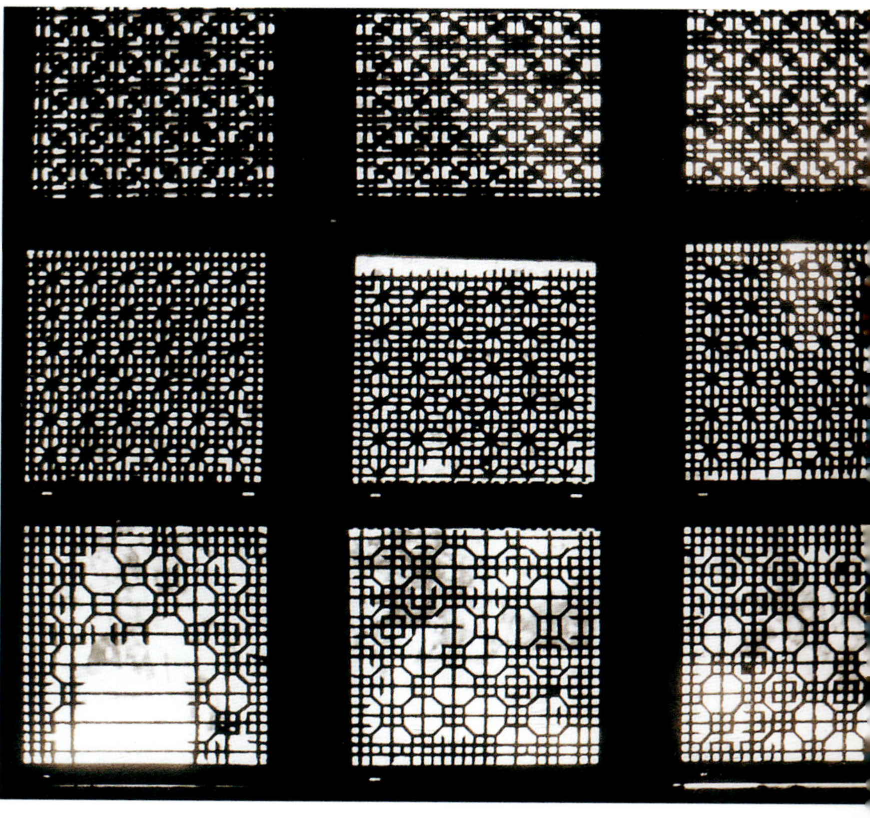

图 7-11　安徽歙县呈坎村民居花棂窗

图 7-12　浙江东阳白坦乡七台门某宅联电窗

图 7-13　浙江诸暨千柱厅斯宅花棂窗

直棂系列的棂花隔扇心最为坚固，因为是整体长棂条相交咬接形成的整体，所以该式为使用最普遍、最长久的一种棂格图案。

（二）花棂门窗

构成的棂格图案的棂条大部分是由短棂、曲棂或花式直棂组成的。棂条相交也非直交，有些短棂做成圆曲状，有些短棂一端临空，雕作夔龙尾式，由此变化出的棂格图案更为自由活泼。简单者如笔管式、套方纹、冰裂纹、回纹、斗方纹、万字纹、八方锦、龟背锦、睒电纹等，复杂的有夔龙纹、卷曲纹、如意纹等。如《园冶》一书中所示，明代已经流行花棂隔扇门窗，用一两根标准弯曲的棂条可组成葵花、梅花、水浪纹饰等，但此时图案崇尚简洁，尚无过多的雕饰。还有一种棂格图案虽然也是通长的直棂组成，但每根棂条皆是是由宽厚的木条刻出花样，成为花棂，然后三交或交扣搭在一起，组成花朵般的图案。清代宫廷建筑所使用的三交六椀菱花、双交四椀菱花、双交古老钱等棂花图案就是花棂组合。棂条花式有橄榄式、艾叶式、斗肩圆背式等，棂条相交处饰以金钉，华美异常。但民间建筑的花棂式样更多，有四方式、讹角四方、六方、龟背、海棠纹、莲纹等。还有更多复杂的方法如两套图案套叠在一起，组成更加华丽的图案，有的还嵌镶一些小花饰，有的还涂上彩色。

花棂的门窗棂格图案在每扇的中部往往形成一个构图中心，较长的隔扇可设上下两个中心点。中心处可设一块雕刻精美的花饰，使整扇门窗更具新意。

图 7–14　浙江宁波秦氏宗祠花棂窗

图 7–15　云南丽江纳西族彩色花棂窗

图 7–16　安徽黟县西递村民居花棂窗

图 7–17　四川阆中净圣庵街某宅花棂窗（上）

图 7–18　浙江东阳卢宅花棂窗　（下）

图 7–19　安徽黟县西递村民居花棂窗

图 7–20　安徽黟县宏村民居花棂窗

图 7–21　江西婺源下晓起村民居花棂窗

（三）玻璃门窗

清代乾隆以后出现了平板玻璃，以玻璃代替糊纸，大大改善了室内的采光条件。但当时玻璃属珍贵之物，价格不菲，一般民居只能少量使用。所以出现了在棂花门窗的中心部分镶装一块不大的玻璃，其余部位仍然糊纸的构造手法，称为玻璃心式门窗。北京地区支摘窗的步步锦的图案中心也留出了玻璃宕子。这种玻璃心的棂格图案存在了很长时期，一直到民国初年经济状况一般的人家仍用这种图式，其构造美学与直棂、花棂系列门窗类同。

民国初年，大户人家的隔扇门窗完全采用玻璃采光，放弃糊纸，但由于视觉暂存心理因素的影响，在隔扇心部位仍然做出棂格图案。既然无需糊纸，故棂条间距可不受限制，自由摆布，形成许多疏朗多变的构图。如灯笼框、花边框、十字海棠、十字如意、简化步步锦等。在这些图案中完全摒弃了雕刻花饰，以素雅简练的图案追求美感。

图 7–22 江苏苏州拙政园远香堂玻璃长窗

图 7–23 辽宁沈阳张作霖帅府客厅院玻璃支摘窗

图 7-24　四川大邑刘文彩庄园正厅侧房玻璃花棂窗

图 7-25　天津杨柳青石家大院玻璃支摘窗

图 7-26　安徽歙县呈坎村民居玻璃花棂窗

图 7-27　江苏吴县东山春在楼玻璃长窗

图 7-28　江苏苏州网师园殿春簃玻璃花窗对景效果图

图7-29　甘肃临夏马步芳东公馆工房玻璃支窗

图7-30　江苏苏州网师园小山丛桂轩玻璃花窗

图 7-31　江苏苏州网师园集虚斋冰裂纹玻璃长窗　图 7-32　云南大理喜洲严家院楼上玻璃槛窗

大面积玻璃的采用使门窗的透明度增强，引发了隔扇门窗的另一项美学追求，即剪影图案。当我们坐在厅堂室内外望时，整间的外檐隔扇形成一大幅剪影，规则有序，密布全间，图案美感极强。当阳光照射入室，在地面上亦形成了网状阴影，加强了室内的空间美感。剪影图案还可与庭院借景手法相配合，组成美丽的画面。当门窗部分开启时，庭院的树木、花草、门楼、照壁映入眼帘，形成画卷，而门窗棂格正是画卷的两端护头。有的花边框式隔扇门窗，中心大面积玻璃正对着室外某处景色，则剪影式的棂格正好是画幅的边框。

图 7-33　江苏苏州网师园万卷堂长窗外望

图7-34　江苏苏州沧浪亭明道堂门窗棂格剪影

图7-35　江苏苏州网师园看松读画轩长窗外望

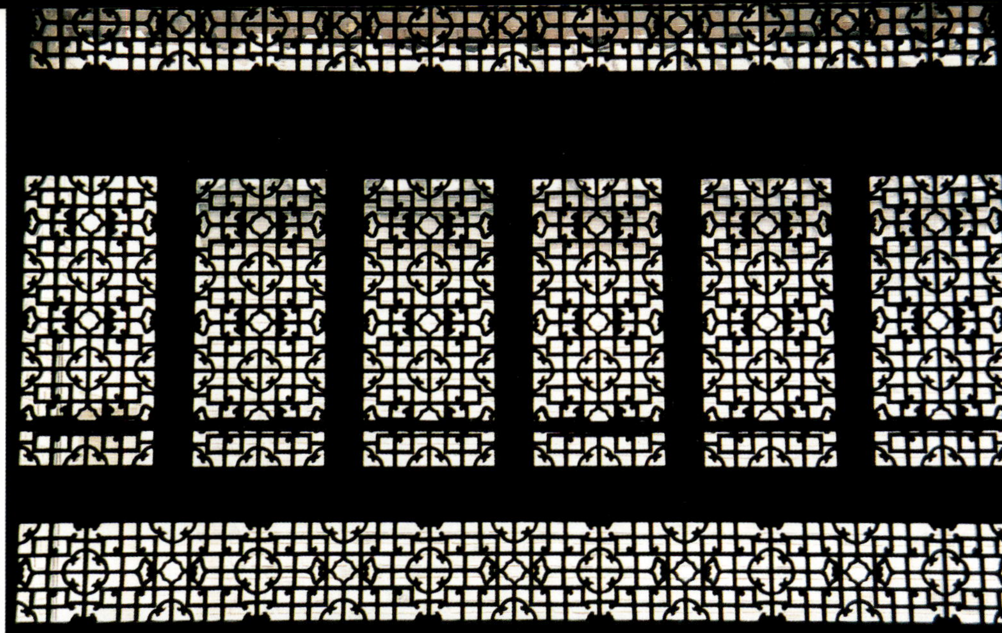

图 7–36　江苏镇江五柳堂隔扇窗棂剪影

图 7–37　江西婺源李坑村尚武堂槛窗外望园景

图 7–38　江苏苏州留园鹤所花棂窗剪影

图 7-39　江苏苏州网师园濯缨水阁半窗剪影

图 7-40　江苏苏州网师园看松读画轩半窗剪影配合窗外树石

图 7-41　江苏苏州网师园半窗剪影配合窗外丛竹

图 7-42　江苏苏州网师园小山丛桂轩从花窗透视院景

图 7-43　江苏苏州网师园殿春簃花窗透视竹丛

图 7-44　江苏苏州网师园殿春簃花窗透视石景

（四）彩色玻璃门窗

清末民初官宦大贾的住宅开始采用进口的彩色玻璃装饰门窗，使隔扇门窗的美学追求产生新的变化。一般应用的彩色玻璃单块面积皆较小，需分块使用。其方法有两种情况，一为与净片玻璃相间使用；一为各种彩色玻璃相间使用。无论哪一种，其棂格构图都很简单，少用雕刻，突出了玻璃的彩色效果，尤其在室内观赏更为显著。虽然与传统隔扇门窗的感观拉开了距离，但是其创新意匠是值得重视的。后期还出现了彩色拉花玻璃，即在颜色玻璃上拉出花鸟图案，透出净白本色，从室内观看，十分醒目。彩色玻璃门窗的装饰重点转向玻璃，对木制棂格的处理则相对简单。当时彩色玻璃比较昂贵，仅应用在岭南华商、浙江富商和北洋官宦人家的住宅中。

图 7–45　浙江杭州胡雪岩故居百狮楼彩色玻璃门窗

图 7–46　浙江杭州胡雪岩故居内彩色玻璃窗

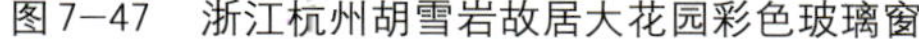

图 7-47　浙江杭州胡雪岩故居大花园彩色玻璃窗

图 7-48　广东东莞可园内彩色玻璃窗

图 7-49　江苏苏州狮子林燕誉堂彩色玻璃长窗

图 7-50　江苏苏州拙政园三十六鸳鸯馆彩色玻璃窗

图 7-51　广东开平赤坎镇某宅彩色玻璃隔扇门

图 7-52　广东广州陈家祠东厢房彩色玻璃满周窗

（五）实心木雕门窗

在南方炎热地区民居皆通行厅井式布局，即正厅为敞开式的敞厅，不安隔扇门。有的地区四季温和，敞厅装修可安可不安，如云南大理地区，平时隔扇门敞开，人们在宽阔的檐廊下劳作，所以该地区隔扇门窗的采光保温作用不明显。又因临近木雕之乡剑川县，所以其民居正厅隔扇门的隔心皆做成实心木板，并雕出花鸟虫鱼等图案，实际上此时的隔扇门已成为装饰性的构件。与此同样道理，在南方某些祠堂，为了增加建筑的庄严性，其隔扇门也做成木雕形式，有些还是两面透雕，如广东陈家祠的正厅隔扇。

图 7-53　云南丽江纳西族民居木雕隔扇门

图 7-54　云南丽江纳西族民居木雕隔扇门

图 7-55　云南丽江纳西族民居木雕隔扇门

图 7—56　云南丽江指云寺僧房彩色木雕隔扇门

图 7—57　云南大理周城段树侯宅彩色木雕隔扇门

图 7—58　江西景德镇大夫第贴金木雕隔扇门

图 7-59　广东广州陈家祠门厅透雕木隔扇门

图 7-60　江西景德镇汪柏宅书房贴金木雕隔扇门

图 7–61　广东梅州联芳楼透雕木隔扇门

图 7–62　浙江泰顺下武洋乡庵前村某宅隔扇门上的木雕饰件

图 7–63　安徽黟县宏村承志堂正厅侧门为装饰有木刻及木雕饰件的花棂门

图 7-64 浙江东阳白坦乡务本堂内木雕花格窗渲染图

（六）板棂窗

板棂是很古老的棂格作法，因其采光面积小，以后则被直棂条所代替，但在新疆维吾尔族民居中尚保留着板棂式固定的横披窗。板棂条两侧锯成小方块齿形的凹凸，多以双交方式相互扣接，有正交和斜交两种。板棂中心起线或平板，所形成的格眼为方形或多角方形，还可夹杂一部分直棂。这种板棂窗继承了传统工艺，即用固定形式的板棂条，组织出多种构图的花窗，贯彻了简中出繁的美学思想。

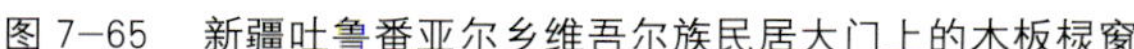

图 7-65 新疆吐鲁番亚尔乡维吾尔族民居大门上的木板棂窗

图 7-66 新疆鄯善吐峪沟维吾尔族民居木板棂窗

图 7–67　新疆吐鲁番亚尔乡维吾尔族民居大门上的木板棂窗

图 7–68　新疆吐鲁番亚尔乡维吾尔族民居大门上的木板棂格

二、异形窗式

在传统木构建筑中，广泛使用的是隔扇式门窗，通行于全国各地，成为中国建筑的一项特色。但是各地也不乏其他的窗式，不同于隔扇门窗。异形窗式的产生有几方面的影响因素。一是北方或寒冷地区外墙用砖砌筑，厚重的墙体不宜多开洞孔，无法用多扇组合的隔扇式门窗，故出现单体窗式；二是南方温湿地区的门窗无需保温隔热，以空透为主，同时尽量遮阳避晒，保持室内气候阴凉，所以外檐仅开设部分面积的窗孔，其他以板壁封护，所以形成了单体窗式；三是雕刻技法逐渐普及，可以融进窗式设计，开创新意；四是民族地区习惯对窗式进行某些特殊的艺术处理，也形成异于传统的窗式。

异形窗的种类甚多，过去并没有太注意，总结下来有特色的窗形不下十余种。如花窗，一种独立的或圆形的窗；风窗，又称腰窗，即在双扇隔扇窗外附加的类似栏杆式的空格窗；砖框窗，在窗的周围有砖雕窗套；石雕透窗，即用透雕石板作窗心，亦可用玻璃花砖；雕花窗，完全为木雕花板，实心的不采光，全为装饰用途；组合窗，即各式棂格心与雕花板组合在一起的窗式；券窗，即窑洞民居的窗式；维吾尔族民居双层窗；藏族民居的有檐楣的窗等。其他还有栅窗、灯景窗、园林中用的漏窗及空窗等。

异形窗的美学加工技法集中在几方面，包括窗外形的变化、两类窗式的套装、加以装饰性的雕刻手法、门联窗的组合设计等。异形窗的设计丰富了建筑立面构图，在大量运用隔扇门窗的背景下，少量的异形窗起到调剂视觉的作用，即统一中求变化的规则的体现。

花窗，多通行在西南地区，尤以大理、丽江一带较多使用。此窗即是空透的固定的木窗，大多为方形或圆形，棂格图案变化自由，皆以中心放射构图为主。有的花窗尚着色，更显华美。

风窗，通行在皖南一带。即窗外附加矮栏式木格透窗，《园冶》称“风窗，隔棂之外护”。多设在正房两侧卧房的对内院的窗户上。其目的是当内窗（一般为对开双扇）开启时，可避免院内人窥见室内，而室内人可见到院中情况。风窗的构图与木栏杆有某些相似，《园冶》中称风窗可检栏杆之图式用之。从皖南明代民居实例可以看出，当时的风窗图式就是做成栏杆式样，并且有精致的雕饰，后来才慢慢变化成棂格图式。有的风窗上部还联做横栅护栏，增加了风窗的防护功能。

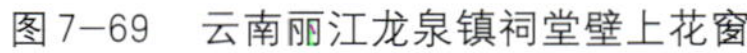

图 7–69 云南丽江龙泉镇祠堂壁上花窗

图 7–70 云南大理周城段树侯宅内的花窗

图 7–71 云南丽江木家祠堂内的花窗

图 7–72 北京四合院什锦花窗四例

图 7–73　江西景德镇金达宅的风窗

图 7–74　安徽歙县呈坎村民居风窗

图 7–75　安徽屯溪程氏三宅内的风窗

石雕透窗，通行于南方民居。有些是单独的石刻透窗，有的是在石板墙上部开设透窗，如浙江民居的石透窗，体形较小，纹样亦简单。闽粤民居的石透窗则可称之为美术品，石质优良，雕工精细，图案丰富，式样多变，美学价值较高。

雕花窗，即完全为雕花木板构成，并无空透之处，不能采光，实际没有窗的功能，只是一樘美术品。

组合窗，即由棂花格与木雕花板组合在一起的窗式，一般为固定式，不能开启，可透光换气。多出现在安徽大户人家。

图7-76　台湾新竹民居石雕透窗

图7-77　台湾宜兰黄举人宅彩色木雕花窗

图7-78　浙江武义郭洞村民居木雕花窗

图7-79　浙江东阳卢宅木雕花窗

图 7-80 浙江武义俞源村民居木雕花窗

图 7-81 安徽黟县西递村民居正厅组合窗

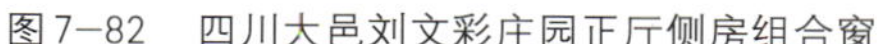
图 7-82 四川大邑刘文彩庄园正厅侧房组合窗

图 7-83 四川新都民居内的组合窗

券窗，应用在窑洞民居，是窑洞仅有的采光面，也是出入口，因此它是门联窗形式，而且是上半部为半圆形。券窗拱券部分的棂格处理是比较有特色的，各地窑洞皆有创意。在山西某些民居也采用券窗的形式，目的是追求一种新颖的窗式。

维吾尔族双层窗。新疆地区的气候条件是干旱、少雨、温差大，因此其窗式为双层窗，外部为板窗，可隔热、防寒。板窗的构造类同该地区的门式，为扇框夹心板。心板可加刻图形或雕饰，并涂有颜色。伊犁地区的窗洞上边做出三角形窗楣，是其特色。

图 7-84　山西临县碛口镇西湾村窑洞民居券窗

图 7-85　河北平山西柏坡中共中央旧址锢窑窑洞的券窗（引自《全国重点文物保护单位》）

图 7–86　陕西延安枣园村窑洞民居的券窗（引自《中国传统民居建筑》）

图 7–87　山西灵石静升村王家大院桂馨书院券窗

图 7–88　山西榆次常家庄园养和堂券窗

图 7–89　新疆喀什乌斯唐布依街维吾尔族民居双层窗

图 7–90　山西灵石静升村王家大院敦厚宅正房券窗

图 7−91 新疆伊宁六星街维吾尔族民居双层窗

图 7−92 新疆伊宁果园街四巷 6 号维吾尔族民居双层窗

图 7−93 四川丹巴甲居藏寨藏族民居平开窗

藏族民居窗。该窗的最大特色为黑色梯形窗套及短檐出挑的窗楣。这种窗式的窗扇虽然简单（一般只有简单棂格或素面玻璃），但由于窗套及窗楣的处理，使其在立面构图中的作用十分显著。川西木雅藏区的碉房是用较黑的石头垒砌的，故该区藏居窗套用白色灰抹制，同样显出了突出的效果。川西嘉绒藏区碉房的前檐木装修较普遍，受汉回族民居的影响，有用隔扇式门窗的趋势，而且用色十分醒目，有别于西藏碉房的窗式。

图 7—94 四川丹巴甲居藏寨藏族民居平开窗

图 7—95 西藏林芝藏族新民居的藏式窗

图 7-96　西藏拉萨藏族民居梯形窗套的藏式窗

图 7-97　甘肃夏河拉卜楞寺僧房棂花玻璃窗

三、内檐隔断

具有美学价值的内檐隔断体皆出现在较大体量的厅堂建筑中，包括宅第厅堂、园林厅堂、祠堂厅堂、衙署厅堂、皇家殿堂等。从民居建筑美学角度选例将偏重宅第、园林、祠堂的厅堂的隔断处理，因此这些建筑皆是居民生活中具有较高公共性质的建筑，故美学要求较高，建筑处理更为丰富。

厅堂的分类方法甚多。从使用功能分，有正厅（客厅）、退厅、轿厅（茶厅）、花厅、祭堂等；从平面形式分，有一字厅、工字厅、十字厅、鸳鸯厅等；从使用材料分，有楠木厅、柏木厅、水磨厅等；其他尚有敞厅、四面厅、抱厦厅等形式。但这些厅堂有的是通间敞开，并无隔断墙体，有的则需设隔断，以区分不同的使用空间。这些隔断墙体基本出现在两个位置，即后金柱间隔断和分间隔断，即《营造法式》中所提的“照壁屏风”和“截间板帐”。

传统内檐木隔断有三种基本形式，即屏门、隔扇门、罩，分别代表实体隔断、半空透隔断、空透隔断三种状态。众多的优秀实例都是利用这三种隔断体的组合与美学加工而形成的。由于美学加工的方法甚多，所以组合可有无穷的变化。呈现出精洁雅致，璀璨绚丽，古朴浑厚，金碧溢彩等诸多的艺术风格。

（一）屏门

屏门是从屏风发展而来的一种建筑部件。汉代室内的固定隔断尚不发达，经常使用的是屏风、帷帐、帘幕等可移动的部件。屏风立在坐卧处的后面，用以挡风，并有装饰作用。帷帐是以帐架支起，作为卧处的防寒避风之用。帘幕是挂在梁下，以作分间之用。屏风上可绘画，帐幕上可织出锦绣花纹，皆有美化装饰作用。一直到隋、唐、五代，这三种部件仍是室内重要的分隔空间的部件。至宋代开始有了变化，除了出现了可折叠的屏风以外，还将屏风用于室内装修上，《营造法式》一书中介绍了殿内的“照壁屏风骨”及“四扇屏风骨”，即后世的固定屏风壁及可开启的四扇屏门。当时的屏门是先作成小方格骨架，然后糊纸或绢成型。至明清时代，屏门完全为木制，内为骨架，一面装板，表面刷饰白漆或黑漆。亦有两面装板的，不露骨架，更显得整洁，称为“鼓儿门”。

屏门大多以素板面貌出现，特别是祠堂、祖堂等严肃环境的屏门皆不加雕饰。素板上可悬挂中堂画或大幅题字来传达意境。园林厅堂的屏门也可刻镂图画，装饰照壁。在粉白的屏壁上以石青、石绿填色，或在黑地上以金粉、白粉勾填，亦十分突出。或在整间的屏门（屏壁）书写诗词或赋文，彰显文人气质。屏门虽可开启，但经过装饰后的屏门多置在明间照壁位置，一般不再开启。

（二）隔扇门

此处的隔扇门，即外檐的隔扇门用于室内，因不需要满足隔热、防寒、避雨、采光等要求，仅为隔断视线而已，其美学加工十分灵活，是内檐隔断的主要形式。在宋代已经出现内檐隔扇门，当时称之为“截间开门格子”，一般为双扇，周围尚有泥道板（即余塞板），尚未构成整体的四扇至八扇的隔扇门组。

清代内檐隔扇的艺术处理有很大进展，产生多种形式，使用较普遍的是“碧纱橱”式隔扇门，苏州称之为“纱隔”。其构造与外檐隔扇类同，仅是每扇宽度小些，约 40~50 厘米，每扇重量小，便于开启。随两柱间的距离每樘可有六扇至十二扇不等。隔扇心可以糊纸，亦可糊绢纱，早期多糊蓝绢纱，故称“碧纱橱”。考究宅第的隔扇心多作成双层，两面图式相同，一面固定，一面可卸，中间夹以绢纱，称夹纱做法。室内碧纱橱的隔心多采用“灯笼框”图案，中间留出一块或两块空白，

图 7–98　江苏常熟翁同和故居后厅屏门

图 7–99　江苏苏州同里镇某宅金线彩图屏门

图 7–100　江苏苏州狮子林绿玉青瑶之馆线刻狮子林全图屏门

图 7–101　江苏苏州怡园藕香榭线刻图画屏门

图 7–102 江苏常熟古琴博物馆正厅屏门

图 7–103 江苏苏州同里退思园正厅屏门

空白处糊纸，描写诗词图画，十分雅致，具有书卷气质。若室内天花较高，可在隔扇上方加设固定的横披窗，分成五档，其窗心棂格图案与下边的隔扇门保持一致，风格统一。

隔扇门的美学加工在"碧纱橱"的基础上有多方面的变化。除了在绦环板和裙板上进行雕刻以外，还可将隔扇心改装木板，成为不透气的木隔扇。在木隔扇心上可裱纸绘画，绘画可分扇设计，组成

图 7–104　北京地区建筑碧纱橱内檐装修（引自《紫禁城宫殿建筑装饰》）

套画，亦可题字赋诗，还有的装裱博古拓片等。此外，在原色的木隔扇心上还可刻镌文字与图案，一般皆为阴刻，填以石青、石绿或粉白。近代以来，还有的住宅将隔扇心改为玻璃隔、彩色玻璃隔或镜片等。广东一带还盛行以烧瓷装饰隔扇心。总之，这种分件的可开可合、可装卸移动的室内隔断形式，为传统住宅的室内装潢设计增加了许多变数，而且也形成了中国所特有的艺术风格。

图 7–105　北京西观音寺胡同某宅碧纱橱内檐装修

（三）罩

罩这种隔断形式出现较晚。宋《营造法式》中并没有这种名称，

落地罩　炕罩　碧纱橱

书格　多宝格附仙楼　太师壁

栏杆罩　几腿罩　圆光罩　八方罩　落地樘花格　玻璃窗

图 7–106　民居建筑内檐隔断的罩类示意图

图 7–107　山东曲阜孔府隔扇门内檐装修

图 7-108　山西榆次常家庄园贵和堂隔扇门窗组合装修

图 7-109　江苏苏州狮子林绮窗春讯厅装裱字画隔扇门

图 7-110　江苏苏州网师园看松读画轩全画分裱隔扇门

图 7–111　江苏苏州耦园正厅山水组画装裱隔扇门

图 7–112　江苏苏州狮子林真趣亭木刻隔扇心隔扇门

图 7–113　浙江杭州胡雪岩故居内厅彩色玻璃心隔扇门

图 7–114　广东开平塘口镇自力村铭石楼彩色玻璃心隔扇门

图 7-115　浙江杭州胡雪岩故居内厅彩色玻璃心隔扇门

图 7-116　广东广州陈家祠东庑厅堂木刻透雕隔扇门

仅在佛道帐条目中，记载柱间有雕刻花饰的"欢门"出现，可能是罩的先声。由欢门可发展成为挂落形式，即在梁枋的底部悬挂空透棂格搭嵌的花格，以强调室内空间的分隔。北方民居多做成步步锦式图案，两端缀有花牙子；而南方民居则做万川式样，即万字纹组成的自由图案。挂落的进一步发展产生了罩，即一种空透的意象分隔的装饰体。到清代末年，产生了各种变体的罩，基本可分为两大类，即飞罩与落地罩。

飞罩类似于挂落，两端不落地，花纹比较复杂，除了万字纹、回纹以外，还有用花鸟枝叶做题材的纹样，全部透雕，两面成形。轮廓外缘自由变化，但左右对称，整体接近拱券形。使用飞罩的开间不可过大，否则不易处理。

落地罩是两边落地的罩，根据其落地的形式分为几腿罩、栏杆罩、纱隔罩、花罩、洞门式花罩、炕罩等数种。几腿罩最简单，即在上槛与中槛之间设横披窗，分成五档或七档，两侧抱框伸延至地，槛框交角处设花牙子，远观似茶几，故名。几腿罩多用于北方民居。

栏杆罩稍复杂，即在几腿罩内侧增设两根抱柱，划分空间为三部分，中间宽，两侧窄。两侧柱间装寻杖栏杆，不可逾越，而中间可通行。三部分上部皆装飞罩。栏杆与飞罩均有插销与槛框固定，并随时可拆卸，调整室内空间格局。

纱隔罩即在横披窗的两边各设一扇落地隔扇或纱隔、玻璃隔，下衬小的须弥座，纱隔上角设花牙子。其装饰加工多用于棂格雕饰及隔心的装裱字画上。隔纱罩是南北方民居常用的室内隔断形式，也是落地罩的基本形式。

花罩是以花鸟树木等自然题材组成的吉祥、喜庆、风雅的图案，如"岁寒三友"、"喜鹊登梅"、

图 7–117　江苏苏州拙政园留听阁"喜上梅（眉）梢"飞罩

图 7-118 天津杨柳青石家大院“丛竹”飞罩

图 7-119 广东梅州某宅近代风格飞罩

图 7–120 天津杨柳青石家大院纱隔落地罩

图 7–121 北京四合院内檐纱隔落地罩

图 7–122 山西榆次常家庄园贵和堂内檐装裱字画纱隔罩

图 7-123　辽宁沈阳张作霖帅府客厅透雕纱隔罩

图 7-124　上海嘉定秋霞圃纱隔罩

图 7-125　江苏苏州狮子林装裱字画纱隔罩

图 7-126　江苏如皋水绘园“丛竹”落地花罩

图 7-127　江苏苏州狮子林“芭蕉”落地花罩

图 7-128　广东东莞可园“喜鹊登梅”落地花罩

图 7-129　江苏苏州山塘街雕花楼内“松竹梅”落地花罩

图 7-130　江苏苏州狮子林立雪堂万穿纹圆光花罩

图 7–131　天津杨柳青石家大院冰裂纹圆光花罩

“松鼠葡萄”、“松鹤延年”、“玉棠富贵”、“鹤鹿同春”，也有缠枝纹、芭蕉纹、修竹纹等。图案两边落地，轮廓自由，但左右对称。花罩多由硬木镂空制作，两面成像，有的甚至透雕两三层，原色髹漆，不施彩色，以工精材优为贵。飞罩是一樘华丽精致的巨型雕饰，非一般人家能采用。

洞门式花罩，即为落地花罩的中间开设一个洞门，供家人行走。洞门有明确的边框，形式有圆光、八方、六方、长方等式。洞门式花罩可以是几何式的冰纹、乱纹、夔纹，也可以是雕刻型的花鸟植物图案。洞门式花罩多用在大型厅堂中，是一种高贵的室内隔断体。

炕罩是设在炕前的固定隔断，上边可直达天花，等于将床榻分隔成一间小屋，可增加保温性能，多用在北方。炕罩形式多采用纱隔罩式样，但上部增加了较高的固定的棂格窗。

图 7–132　北京四合院内檐冰裂纹八方花罩

图 7-133　江苏苏州留园林泉耆硕之馆盘藤圆光花罩

图 7-134　山东栖霞牟氏庄园“福禄寿喜”炕罩

图 7-135　山东曲阜孔府内堂楼卧房炕罩

（四）组合体

内檐隔断体虽然只有三种基本形制——屏门、隔扇、罩，但经过交叉组合及各种方式加工会产生千变万化的效果，正是这种多变的隔断形式，可以赋予室内空间不同的性格。

传统民居建筑的体量比较小，不过三间五架，所以室内隔断体一般仅一间面阔，分间隔断也不过 5 米左右。大户人家和祠堂的厅堂为三间面阔，只在园林厅堂中出现五间面阔的室内隔断。不同面阔的隔断具有不同的处理手法。

单间隔断多为“太师壁”形式，即中间为板壁，两侧各设一较窄的门洞。洞口上方有短枋挂落或小型飞罩，板壁上方悬挂堂匾，板壁上挂有字画，前设条案、八仙方桌及扶手椅。太师壁后方为后门或上楼楼梯。这种处理多盛行在皖南一带，江浙亦类同。大部分地区的分间隔断采用隔扇门形式，只不过隔扇的构造及用材各有不同而已。

三间面阔的隔断体则有许多不同的组合，可归类为五种，皆保持中间对称格局。①三间屏门式，多用在祠堂或较严肃的厅堂中。一般明间屏门不开启，两次间屏门可开启供交通。屏门为素板，亦可刻画。②三间隔扇门式，多用在住宅或园林厅堂。亦是中间关闭，两侧开启。此式的隔扇门多有变化，中间隔扇门多做成实板隔扇心，可雕画、裱贴诗词画幅，两侧隔扇门可做成纱隔或空透花格，显示出民间美学意义的重要性。③屏门隔扇式，多用于住宅厅堂。中间屏门悬挂画幅，两侧为纱隔或透花格隔扇。三间装修的材质与颜色应保持一致，风格统一。④屏门花罩式，用于

图 7–136　安徽黟县宏村承志堂单间正厅内檐装修

住宅厅堂。此式屏门多涂栗色漆，花罩有各种表现，落地罩、洞门罩、飞罩都可采用。屏门与飞罩的对比性比较强烈，从观感上有刺激性。⑤隔扇花罩式，多用在园林厅堂中。这两式隔断体皆有众多的变化形式，因此组合体非常丰富而自由，美学价值较上述诸式更为有趣。

五间式内檐隔断的实例在民居中非常少见，仅在园林建筑中的鸳鸯厅中出现过。这种隔断体在两厅之间，需两面观赏，两面可作不同的美学加工，更增了美学趣味。同时鸳鸯厅的隔断不必限于平直式，可以进退凹凸，增加了不少观赏面。这些都是五间式隔断体的优势。虽然其组合也不外屏、隔、罩三项形制，但变化的范围大增。

当前建筑技术有了巨大的进步，建筑体量及形式与传统建筑有了明显差异。但是对建筑的美学要求更高了，室内设计是二次设计的主要内容，装修成为一项专门的行业。在此情况下，传统建筑内檐装修的优秀实例及经验，将会对现代建筑设计产生重要的借鉴价值。

图 7-137 安徽黟县宏村承志堂单间后厅内檐装修

图 7-138 安徽黟县西递村某宅单间正厅内檐装修

图 7-139　安徽黟县南屏村某宅单间正厅内檐装修

图 7-140　江苏无锡薛福成故居务本堂三间屏门式内檐装修

图 7-141　江苏苏州东山杨湾明善堂三间屏门式内檐装修

图 7-142　江苏苏州网师园万卷堂三间屏门式内檐装修

图 7-143　安徽黟县西递村胡氏宗祠正厅三间屏门式内檐装修

图 7-144　浙江东阳卢宅肃雍堂正厅三间屏门式内檐装修

图 7-145　江苏扬州个园西路住宅清颂堂三间屏门隔扇式内檐装修

图 7-146　江苏苏州狮子林水殿风来厅三间屏门落地罩式内檐装修

图 7-147　江苏常熟翁同和故居思永堂三间屏门落地罩式内檐装修

图 7-148　江苏苏州狮子林水殿风来厅三间屏门落地罩式内檐装修

图 7-149　江苏苏州狮子林绿玉青瑶之馆三间屏门落地罩式内檐装修

图 7-150　江苏苏州虎丘灵澜精舍三间屏门落地罩式内檐装修

图 7-151　江苏扬州个园中路汉学堂三间屏门落地罩式内檐装修

图 7-152　江苏苏州同里镇退思园三间屏门圆光罩式内檐装修

图 7-153　江苏扬州汪氏小苑客厅三间板壁落地罩式内檐装修

图 7-154　江苏苏州拙政园十八曼陀罗花馆三间隔扇落地罩式内檐装修

图 7-155　江苏苏州拙政园三十六鸳鸯馆三间隔扇落地罩式内檐装修

图 7-156　江苏苏州拙政园玉壶冰三间隔扇飞罩式内檐装修

图 7-157　江苏苏州网师园集虚斋三间隔扇落地罩式内檐装修

图 7-158　江苏苏州网师园撷秀楼三间落地罩式内檐装修

图 7-159　江苏苏州网师园看松读画轩三间落地罩式内檐装修

图 7-160　江苏苏州狮子林燕誉堂三间厅内檐隔断墙南面装修图（屏门刻字）

图 7-161　江苏苏州狮子林燕誉堂三间厅内檐隔断墙北面装修图（屏门刻图）

图 7–162　江南厅堂五间隔断装修图（上：江苏苏州留园五峰仙馆；下：江苏苏州留园林泉耆硕之馆）

图 7–163　江苏苏州留园林泉耆硕之馆五间屏门圆光罩组合内檐装修

图 7-164 江苏苏州留园林泉耆硕之馆五间屏门圆光罩组合内檐装修

图 7-165 江苏苏州留园五峰仙馆五间隔扇门花罩组合内檐装修

图 7–166 江苏苏州留园五峰仙馆五间隔扇门花罩组合内檐装修

图 7–167 山西祁县乔家大院 4 号院正厅隔扇门及壁镜组合内檐装修

图 7-168　辽宁沈阳张作霖帅府大青楼洋式客厅内檐装修

图 7-169　广东东莞可园壁面彩色玻璃花窗

图 7–170　江苏苏州狮子林燕誉堂壁面装饰

图 7–171　江苏苏州留园林泉耆硕之馆壁面装饰

图 7–172　江苏常熟翁同和故居晋阳书屋壁面装饰

图 7–173　山东曲阜孔府客厅壁面装饰

图 7–174　江苏苏州网师园壁面装饰

捌·装饰之美

建筑装饰手法与社会上的工艺美术技巧有密切的关系，几乎当时流行的工艺技巧皆可应用到建筑上，以丰富其美学效果。雕刻技艺自不待言，应用最多最普遍。其他如泥塑、镶嵌（包括嵌瓷、嵌玉石、嵌珐琅、嵌竹丝等），景泰蓝、金属铸品、烧瓷、装裱、糊饰、镞花（即为剪纸或刻纸工艺，用以作糊墙上的装饰，至今农村尚存贴窗花的作法）等皆在建筑上有所表现。民居建筑上所应用的雕刻、彩绘、塑造、贴络、悬挂等各种装饰手段，都是为了增加建筑的感染力，实际是美术与建筑的结合。但因其是依附在建筑上，而不是独立的美术品，故可称之为附加艺术。建筑装饰艺术有自己的特色，即造型的制约性和“趋吉”的构思意匠。

建筑装饰不是独立的艺术品创作，其创作条件必然受到制约，主要的制约有两方面，即“固本”与“适形”。

所谓固本，即是艺术加工，一定不能削弱或破坏原有建筑结构及构造的力学性能，不能妨碍建筑的使用功能，不能降低建筑的稳定性等，即对建筑根本的使用不能造成危害。例如撑木可以雕刻，但不能透雕遍体，完全失去支撑作用；门窗棂格图案可以变化，但不能太密而影响采光，也不能疏朗得难糊窗纸；栏杆可以艺术加工，但不能影响依靠；梁架可以美化，但不能伤及断面及榫卯。假如做不到这一点，就是本末倒置，就不是一项成功的建筑装饰艺术。因此在清代后期装饰之风大盛的时期，往往采用悬挂、贴络的办法去处理装饰构件，如苏州梁架上的山雾云、抱梁云花板，纱帽翅式的棱木以及斗栱上的枫栱，闽南梁架的通随、束随等构件，都是独立存在，并未伤及结构。有些装饰手法尚有保护作用，如大理的山墙、后檐墙的图案形贴砖，不但美观，而且保护了夯土墙身。

所谓适形，即是这项艺术加工的图案、形体，与建筑物上被加工的部分外形相适应，量体裁衣，不能削足适履。通过艺术加工要强化突出原建筑部件、部位的形体特征，而不能将它改变成另一种形式。例如，撑木为短柱形杆件，多雕成细长植物形；撑头木为三角形实木，多雕成前倾的仙人、倒悬的狮子滚绣球或S形纹饰；木栏杆为横长形构件，其图案组织多将其划分为等长的花板或采用两方连续的万字纹；圆饼形大抱鼓石的侧面多雕中心放射纹、六瓣荷叶纹或三狮围中心绣球旋转图案；南方民居的柱础石为墩形，多加工成鼓形、瓜形、瓶形、八角墩形等适形图案；影壁心为长方形平整壁面，其雕饰多为满铺图案或中心四岔图案；最典型的就是苏州民居石库门门头砖雕，其垂柱多雕锦纹图案，上下枋为横长条形，多雕缠枝花叶，连绵不断，或流云百幅、九狮嬉耍等横长展开图案，中心字碑题字，两侧兜肚为方形，多雕人物、独枝花卉或戏出图案，各处图形与构件结合妥帖，整体构图统一而富于变化。

在民居建筑装饰题材选用上尚存在着数目画题，这也是一个适形问题。因为每间隔扇数目多为偶数，即四、六、八扇，每栋三间，即为十二、十八、二十四扇，所以题材要配套设置，图案大同而小异，既统一又有变化。例如四季花（芍药、踯躅、寒菊、山茶）、四君子（梅、兰、竹、菊）、六妍（六种名花）、暗八仙（道教八仙手中所持器物）、十二月历花等图案，都可配合装修中隔扇裙板的雕刻，形成有规律的组合。

固本与适形不仅是建筑装饰的遵循准则，一般实用品的美化亦是如此。日用陶瓷用品、家具、衣服、鞋帽、炉具、轿子、马鞍等项的美化附加艺术也要考虑加工对象的条件，选择适当手法与图案。

"趋吉"和"教化"亦是民居建筑装饰主要的艺术意匠。装饰艺术的思想主题根据建筑类型的不同，可以有多项的选择。宫廷建筑多表现皇权至上、天下一统；宗教建筑多表现佛传故事、天国净土；园林建筑多表现山水林木、花鸟鱼虫等隐逸之风的图案，即希望家宅平安、健康长寿、人丁兴旺、财源茂盛、趋吉避凶，这类图案又称之为吉祥图案。同时也可宣传儒家思想，提倡忠孝仁义，祝愿仕途顺利，达到修身、齐家的教化目的。教化性图案，大多采用人物故事或民间传说来表现，如二十四孝、桃园结义、木兰从军、郭子仪上寿、将相和、天仙配、鲤鱼跳龙门、岳母刺字等题材。也有一部分表现隐逸高洁的图案，如姜子牙垂钓、俞伯牙操琴、岁寒三友等。教化性图案的表现内容复杂，因此只适用于较长的木石构或较大面积的壁饰或板片上，仅在大型厅堂装饰中应用较多，而大量的民间建筑多以采用吉祥图案为主题。

吉祥图案的表现方法可分为四种情况，即直观、隐喻、谐音和组配。直观容易理解，如福禄寿三星（三个具有明显的约定俗成特征的老人）、百子图（一百个或较众多的小孩在戏耍）、百寿图（一百个不同字体的寿字）、天官赐福（一个官员手捧福字展示众人）、老寿星等，直接表露出福禄寿的主题。隐喻即借用具有吉祥含义的动物、植物、器物作为装饰母题，暗示吉意。如龟（长寿）、鹤（长寿）、桃（仙人所食、长寿）、松（长生）、鹿（禄）、鸳鸯（相爱、偕老）、牡丹（富贵）、佛手（握财富之手，有福禄之意）、石榴（多子）、葡萄（多子）、灵芝（如意、吉祥）、云朵（祥瑞）、金钱元宝（财富）、荷花（高洁）、竹（君子）、萱草（忘忧）、蝉纹（居高饮清、高洁之意）、梅花（冰清玉洁）、回文（不断延续）、水纹（不断）、龟背（长寿）等。隐喻与民族文化及历史积淀有关，每个国家皆有不同的隐喻图案与标志、不同的隐喻理解，所以特殊性较大。谐音即借用动植物、器物的音韵与文字音韵相谐和，以表吉意。这也是汉字的同音异字现象在装饰图案中的应用。例如羊（吉祥、吉羊音通）、喜鹊（喜）、鲤（利）、蝠（福）、葫芦（福禄）、爬蔓植物（万代）、绶带（寿、代）、戟（吉）、盘肠（长）、鹿（禄）、金鱼（金、玉）、芙蓉（富）、水仙（仙）、大桔（大吉）、寿石（寿）、桂花（贵）、屏或瓶（平安）、案（安）、磬（庆）、卍（万福）、竹（祝福）、盘肠八结（八吉）等。谐音的应用也是中国装饰的特有手法。组配即是将上述三种手法综合应用在一个装饰主题中，音、意、形并用，组合搭配成一幅图案，表示出准确的吉祥用语。如三多（佛手、桃、石榴代表多福、多寿、多子）、五福祥集（中间为祥字，周围五蝠）、五福捧寿（中间寿字，五蝠围之）、福寿绵长（蝠、桃、飘带）、松鹤遐龄（松、鹤、灵芝）、金玉富贵（金鱼、牡丹）、百事如意（百合、柿子、如意）、万事如意（万字、柿、如意）、富贵白头（牡丹、白头翁）、灵芝祝寿（灵芝、水仙、竹、寿桃）、太平有象（大象、宝瓶）、四季平安（花瓶、四枝月季花）、安居乐业（鹌鹑、菊花、枫叶）、富贵满堂（牡丹、海棠）、喜上眉梢（喜鹊、梅花）、连中三元（桂圆、荔枝、核桃）、福寿眼前（蝠、寿桃、方眼金钱）、岁寒三友（松、竹、梅）、荣贵万年（芙蓉、桂花、万年青）、平安如意（宝瓶上加如意头）等。这种装饰手法也是中国独特的手法，外国人很难理解，但因约定俗成的原因，就是文化不高的中国老百姓也很熟悉这种图案。

下面将民居建筑装饰的几个常用的手法作概括介绍。

一、木雕

民居建筑中可以施以雕刻的材料仅为木、砖、石三种，竹子虽然亦可作为建筑材料，但因材料断面细小，且中空雕琢以后恐伤其本，故很少雕饰。

建筑木雕艺术的起源虽不可考，但从上古三代即已存在的玉雕、石雕及青铜器范器雕饰来看，在木材上进行雕刻应该是不成问题的。至南北朝时期，文献上已记载有建筑木雕装饰的出现。宋代的建筑木雕更为完备，《营造法式》一书中即专有“雕作”章节，其制度分为四种，即混作（圆雕）、雕插写生华（半浮雕，用于栱眼壁，雕品插于盆内）、起突卷叶华（压地半浮雕）、剔地洼叶华（压地平雕）。还有一种实雕，即就平板随刃雕出花纹的。估计线雕（线刻）亦为常用之工艺。明清时期木雕技艺更为发达，工艺出现透雕及玲珑雕（多层透雕）的技法，后期为节约工料，改革工艺，而出现了贴雕及嵌雕。

建筑木雕在民居中使用极为广泛，工艺虽有精粗之分，但皆可自成一派，总的讲，北方木雕粗犷，用材一般，大部分是属于结构构件的美化加工，纯雕饰部件少，透雕尤其少用。而南方木雕纤细，用料皆为半硬木或材质细润之材料，除结构构件以外，附加的雕饰件也不少，同时大胆使

图 8–1　山西襄汾丁村民居 11 号院正厅随额枋木雕

图 8-2　山西榆次常家庄园祠堂院厢房挂落木雕

图 8-3　山西祁县渠家大院牌楼院门罩木雕

图 8-4 安徽歙县潜口民宅方文泰宅正厅前檐及楼栏木雕

图 8-5 江西景德镇金达宅正厅楼栏木雕

图 8-6 安徽歙县潜口民宅某宅前檐及楼栏木雕

图 8-7 安徽歙县棠樾村鲍氏女祠清懿堂木雕牛腿

用透雕。北方木雕以山西晋中一带最盛，其应用部分多为前廊或抱厦的飞罩、花牙、斗栱等外檐木构件，有的额枋上也嵌贴木花饰，并且多为彩色油饰。而北京四合院的木雕除垂花门以外，则很少使用在外檐，富商官宦人家内檐的罩、挂落、碧纱橱的裙板等处雕饰花样繁多。浙江东阳木雕全国驰名，尤其是当地出产的黄杨木，材质细腻，颜色浅淡，是雕作的优质材料，多雕作小器物。成熟的木雕艺术在建筑上也大量使用，如梁架、义手枋、撑木、轩顶、窗栅等处皆有雕刻。从雕制规模及雕刻精度方面考察，东阳木雕在全国是居于前列的，其影响范围遍及浙中金华江地区。安徽徽州木雕亦十分有名，该地区木雕的发展除了受富裕的经济条件影响之外，当地文风甚盛，画家众多也是促进因素之一。其应用部位多在楼层外檐，如撑木、挑出梁头、挂落板、楼上栏杆、腰窗、祠堂梁架的角替、童柱墩、隔架墩木等。木雕表面不加油饰，显示材料本色，风格素雅。徽州木雕的运用较有节制，繁简得宜，起到突出重点的作用，表现出高度的文化气质。苏

图 8–8 浙江建德新叶村有序堂前檐撑木及角替木雕

图 8–9 浙江杭州胡雪岩故居外檐楼栏木雕

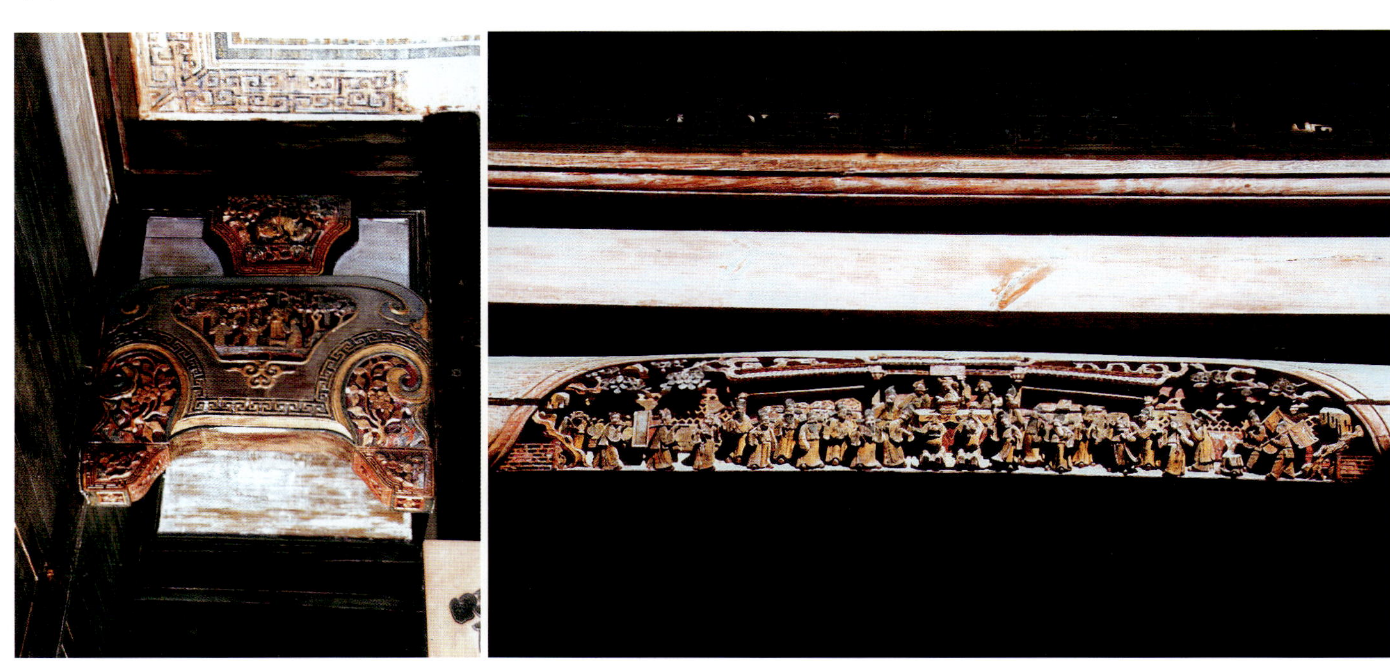

图 8–10 安徽黟县宏村承志堂正厅内檐穿插枋金漆木雕

图 8–11 安徽黟县宏村承志堂正厅前檐额枋木雕（郭子仪上寿）

州木雕亦多使用在内檐，如隔断、花罩及梁架的主梁和装饰板等处。表面多髹栗色清漆，亮洁雅致，以少胜多，只是清末以后，才流于繁琐。浙江民居入口大门十分注重装饰，除了门扇、护栏有精美图案以外，其门口上的“过海梁”亦满布雕刻。广东潮汕的建筑木雕亦十分发达，其建筑木雕使用圆雕、透雕的手法较多，且多用红金或黑金漆饰，装饰效果最为强烈。闽南民居、台湾民居的木雕装饰亦属此流派。其使用部位多在内檐梁架、廊下梁架、花篮吊柱等处，而且为了不影响结构受力，而将随梁枋（闽台地区称为随木）改为通透雕的装饰件。此外，雀替、挂落、门

图 8–12　浙江桐乡乌镇民居入口探海梁木雕

罩、格扇裙板、屏门、神龛等处亦是精雕细刻之处。闽粤地区是全国民居中木雕应用最多的地区，华丽异常，一般被认为雕饰过度，流于繁琐，但是岭南派建筑的基本风格在形成中，装饰因素占了很大的比重，华丽的雕饰是其重要的地方特色。云南白族、纳西族是文化层次较高的民族，其民居的木制雕饰亦有一定的发展，多用于悬鱼、隔扇心、裙板及大花窗上。尤其是其辖区内的剑川县为木雕之乡，村民皆习雕刻技术，以售卖木雕刻品为业，他们雕制的成樘的隔扇心，作为商品在集市上出售，供各地家庭选购，甚至指定图样，按样定制，十分方便。最复杂的实木隔扇心可以透雕出四层花鸟图案，套叠在一起，工艺十分复杂惊人。

木雕的图案题材南北稍有不同。北方以花草、几何图案为主；而南方一带则除花草、锦纹图案以外，又加杂动物、人物、楼阁等有故事情节的内容；而闽粤地区的人物、动物图案几乎成为主体，故事内容穿插组织在一起，且皆为高浮雕或透雕，内容繁杂、拥挤，形成过度的装饰。

在民居构配件的不同部位进行雕刻，可采用不同的木雕技法。线刻，即只用凹刻的线条组成图像，适用于屏门、平板隔扇心或隔扇裙板等处。压地雕，又称凹雕、隐雕、沉雕，是将底子压低而凸显图案者，亦适用于平板的构件。浮雕，又称突雕，即起伏明显的雕刻，是民居木雕常用的雕法，雕制部位应有一定厚度，如梁枋、门板、厚的裙板等。通雕，即深浮雕，适用于屏罩、挂落或栏杆、窗格的雕刻小件。通雕中最高级的是镂空雕，即全部构件通透，两面成型，甚至套叠二三层，只用于高级内檐装修的罩类。多层次的镂空雕也可用贴雕、嵌雕的办法制作。即先预制好几层雕品，逐层贴嵌上去，组成多层雕刻。圆雕，又称混雕，即立体雕刻，多用于构件端头，如天花吊柱头的花篮、望柱头、檐下牛腿、撑栱等。

木雕在民居中应用最久、最广泛，原因是这种工艺简便可行，细木雕工各地皆有，木质软硬皆宜。木雕可最大限度地显示自然生物柔曲之美感，图案中以自然生动的花叶图案为主体，在表

图 8-13　浙江泰顺徐岙底村祠堂轩廊构架木雕

图 8-14　浙江杭州胡庆余堂药店大厅枋木及楼栏木雕（引自《全国重点文物保护单位》）

图8-15 浙江东阳卢宅正厅前檐撑木雕刻

图8-16 浙江东阳卢宅肃雍堂梁架及随木雕刻

图8-17 浙江永康徐震二公祠枋木及撑木雕刻

图8-18 广东广州陈家祠祖龛金漆木雕

图 8-19 广东广州陈家祠祖龛金漆线刻

图 8-20 青海循化街子乡撒拉族民居木雕

图 8-21 青海循化街子乡撒拉族民居檐下木雕细部

现人物、动物的图案中，也较砖石雕更为细腻传神。另外木材的纹理、色泽以及漆饰颜色亦增加了木雕品的装饰效果，这就是古代民居中木雕制品长盛不衰的原因。

木雕使用的材料多为楠、樟、椴、桐、黄杨木等优质木材，但各地也常有适用的地方木材可供使用，同时利用插、贴、嵌、镶的办法可以优材慎用，尽量减少优质木材的用量。例如宋代即有裹栿版的作法，即梁外皮裹贴雕花板以装饰。苏州民居厅堂亦存在这种作法。清代以来在南方民居中多用木雕饰件，而不用直接雕刻承重构件，用材节省，安装灵活。

图 8–22　青海循化街子乡撒拉族民居檐下木雕

图 8–23　新疆伊宁阿依墩街维吾尔族民居檐部木刻

二、砖雕

砖雕即是在青砖上进行雕刻加工的工艺技术。砖材比木材坚硬不怕雨，可用于室外；砖材又比石材软，便于加工制作。在中国，以砖作为主要的建筑材料的时期较晚，秦汉南北朝时代砖材多用于地面、台阶、台基、墓室等处，当时所盛行的“文砖”，即画像砖，乃是事先模制或印制花纹砖坯料，经窑场烧制而成，而非砖刻、砖雕。唐宋以来，佛教砖塔的广泛建造，开辟了砖材在建筑上使用的领域，虽然大部分做成斗栱、平座、柱枋等的砖材仍是模制烧造的，但是基座须弥座的拱门雕刻、栱眼壁雕刻、门侧天王雕刻等已经是浮雕或高浮雕的砖雕了。在宋《营造法式》卷二十五砖作工限的条目中有“事造剜凿”一项，即为砖雕工种，其中所提到的图案有斗八、龙、凤、华样、人物、拱门、宝瓶、神子、华盆等项。明代以后民居的用砖量大增，同时出现的硬山屋面山墙、墀头前檐墙及脊饰都是发挥砖刻艺术的重要部位。朝廷对民居礼制的限制，在间架、门屋、彩画等方面有明确的规定，也促使富裕的住户把财力多用在雕刻装饰上。清代的砖雕工艺已成为独立工种，工匠称为“凿花匠”，专人制作。砖雕工艺除剔地雕、线刻以外，大量的是浮雕，个别的有透雕，极少圆雕，这是因砖材材质的限制，个别突出的较大的花朵，多采用挂榫的办法挂上去。砖雕图案构图基本类似于木雕，其图样的变形、概括、象征手法等皆遵循木雕格式，仅花纹稍粗壮而已。

砖雕盛行全国各地。北方可以北京为代表，北京为畿辅之地，官商麇集，民居质量较高，“黑活”（即砖雕工艺）使用亦多。砖雕应用部位包括大门的墀头、廊心墙、如意门的前檐墙、西洋墙门的门顶、影壁砖雕、看面墙、内院房屋的槛墙、廊墙筒子上方的门头板、什锦窗框、屋脊等处。近代以来，一些民居的仿洋式随墙门头，或平顶拍子房顶的栏杆，亦施以砖雕花式，图案翻新，不拘成法。

北京砖雕题材以自然花草为主，或组合成吉祥图案，间或有些博古，在一些线形的部位，如挂落板、线砖等处，多有用蕃草或几何形锦纹组成的两方连续图案，人物故事图案十分稀少，这主要因为北方民风粗放，不愿过分雕琢，从而影响到砖雕的题材。山西民居的砖雕与北京类似，使用部位多在大门及影壁等处。甘肃临夏地区，古称河州，为回民聚居之地，亦盛行砖雕。砖雕艺术为河州一绝，广泛应用在民居、商店、清真寺、拱北（墓地）等处。装饰部位包括槛墙、墙头、透雕砖花窗、砖影壁、砖门楼、砖牌坊，甚至民居的内壁壁面。回族民居受伊斯兰教教规的制约，其砖雕题材一律为植物及几何纹，动物、人物纹饰一概没有。河州砖雕影响到甘肃、宁夏、青海、陕西等地。

江、浙、皖、赣亦是砖雕通行地区，但应用部位多集中在入口门楣上，而内檐少用。一般贴墙式大门皆有若干砖雕饰件，以皖南民居使用最为普遍。从砖雕技艺角度考察，其中最有代表性的是苏州砖雕石库门门楼。门楼中部的上中下三枋布满了砖雕，题材有植物花卉、龙凤图样，特别是清代末期将人物故事以砖雕形式表现，构图更为繁杂琐碎，从雕凿技法上可以说是功力深厚，但整体艺术效果未必完美。江南砖雕工艺非常精细，栏板、挂落等处的透雕花纹细达半厘米，高不足寸的人物的衣饰眉眼毕现，为了故事情节的需要，画面可透雕达四层，楼台亭阁尚需镂空。总之，江南砖雕在技法上达到了时代的顶峰。

在广东一带尚盛行一种墙楣砖雕，即在封护的前后檐墙的上部，以边线框成画幅，幅内雕饰场面宏大的人物故事图案的砖雕。其手法多为分层的透雕，立体感与整体感强烈，是人们欣赏的重点部位。这种砖雕用在富户住宅及祠堂中。

在全国各地各档次的民居中，应用最广泛的是硬山墙的墀头砖雕。北方较简练。墀头构造从上到下为前倾的戗檐砖，二层拔檐砖，呈枭混状的三层盘头砖、头层檐砖，下为腿子墙。砖雕主要施于戗檐方砖及其侧面的砖博风头上，几层拔檐砖刻有连续的花草图案，只有富户才在腿子墙上方雕花篮式的垫花。最复杂的是广东民居的墀头砖雕，其构造分为三层，上部为前倾的翻花（戗檐），中部为墀头，下部为墀尾，每部分皆有复杂的成樘故事图案。大型民居的墀头砖雕高达 2 米，是外檐中装饰最强的部位。

图 8-24　北京北池子某宅二门砖雕

图 8-25　北京四合院近代随墙门砖雕

图 8-26　北京四合院随墙门砖雕

图 8-27　北京东城棉花胡同 30 号二门砖雕

图 8–28 北京东城秦老胡同 35 号如意门砖雕

图 8–29 山西祁县乔家大院 2 号院后楼楼廊砖栏雕刻

图 8-30　山西祁县渠家大院侧院楼廊砖栏雕刻

图 8-31　山西榆次常家庄园贵和堂正厅廊心墙砖雕

图 8-32　安徽歙县棠樾村鲍氏女祠入口墙面砖雕

图 8-33　山西祁县渠家大院牌楼院二门侧壁砖雕

图 8-34　江西婺源延村民居贴墙门枋砖雕

图 8-35　江苏苏州网师园石库门门楼砖雕

图 8-36　安徽黟县宏村民居贴墙门枋砖雕

图 8-37　江苏苏州木渎镇明代民居石库门砖雕

图 8-38　广东广州陈家祠墙面砖雕

图 8-39　广东广州陈家祠大门墀头砖雕

图 8-40　青海循化街子乡撒拉族民居墀头砖雕

图8-41　北京四合院墀头砖雕

图8-42　山西榆次常家庄园体和堂山墙墀头砖雕

图8-43　天津杨柳青石家大院山墙墀头砖雕

三、石雕

在古代，石材一直没有作为建筑的主要材料，仅在附属建筑或装饰物中使用，如石阙、石室、画像石、石人、石兽等。佛教出现以后，又带动了石窟、石塔、石经幢、石佛像等石雕制品的出现，至宋代已经形成剔地起突、压地隐起、减地平钑、素平等四种雕法，但多限用于宗教、纪念建筑及宫殿衙署等，至于民居建筑中则较少使用石雕。

以北京四合院为例，石雕仅表现在大门抱鼓石等少数部位。抱鼓石即是门枕石的外延部分，加以装饰化的处理，成为入口的鲜明标志，门内部分是安置门扇转轴的带凹槽（海窝）的枕石。北京抱鼓石分为两种，一为圆鼓形，一为立方形，称圆鼓子、方鼓子（幞头鼓子），其形制已成为定式，但雕刻纹样各有不同，最大区别集中在鼓子心雕饰上，一般为转角莲花（即六片抱瓣莲花围着鼓心旋转，中心汇成旋涡的图案），此外还有狮子滚绣球、牡丹、荷花、太师少师、犀牛望月等。除抱鼓石以外，在角柱石、挑檐石、花台、鼓墩等处也有少量雕饰。

相对讲，南方民居石雕应用得较多些，如石门框、石坊、石抱鼓、石栏杆、石础、石花窗等。南方石抱鼓多用于祠堂或大宅大门，形体高而薄，高者近于人高，独石制造。石鼓不作雕饰，光洁鉴人，雕饰用于下部须弥座上。南方民居或祠堂柱础的柱顶石与础石分开制作，苏州称之为鼓蹬及磉石。鼓蹬石形状多种多样，鼓形、方形、八角、六角、凳子形，有的可以叠置两层，一般皆较高，以防潮气上吸。南方民居的鼓蹬石雕刻是一大特色，花色繁多，具有明显的识别性。浙江天台、绍兴等出产石板材地区的民居，亦盛行雕制石漏窗，作为通风换气之用，兼有美学观赏之功。在闽粤地区，石雕亦用于壁面装饰，将临街外檐的梁枋、壁面饰以复杂的图案，有些甚至是高浮雕，装饰性极强。福建泉州出产青石板材，用其光洁的平面进行线刻，梅兰竹菊映在青石之上，仿佛一幅水墨丹青，亦有十分清爽的艺术效果。至于雕刻的石栏板在民居中应用不多，一般多用于祠堂的后进祖堂。在徽州地区，祖堂的地坪皆抬高许多，所以雕制石栏作为防护，著名的如歙县呈坎村罗东舒祠（宝纶阁）的石刻栏板。

图 8-44　北京西城西四北三条 27 号门枕石

图 8-45　江苏苏州网师园入口抱鼓石（砷石）

图 8-46　安徽绩溪周氏宗祠入口抱鼓石

图 8-47　山西榆次常家庄园石芸轩书院入口花瓶式抱鼓石

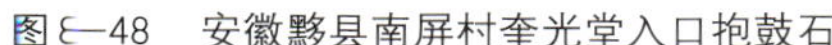

图 8—48　安徽黟县南屏村奎光堂入口抱鼓石

图 8—49　辽宁沈阳张作霖帅府入口上马石

图 8—50　广东广州陈家祠正厅月台栏杆石雕

图 8-51　辽宁沈阳张作霖帅府正厅槛墙“功名富贵”石雕

图 8-52　安徽歙县许国坊梁枋石雕

图 8-53　安徽休宁古城岩村石坊雕刻

图 8–54　安徽屯溪程氏三宅贴墙门枋石雕

图 8–55　安徽黟县西递村胡文光牌坊石雕

图 8–56　福建南安官桥乡漳里村蔡氏民居石雕透窗

图 8–57　浙江宁波慈城民居石漏窗

图 8–58　福建泉州杨阿苗宅门厅侧天井院墙青石雕刻（引自《中国美术全集》）

图 8–59　福建泉州杨阿苗宅大门廊心墙青石雕刻（引自《中国美术全集》）

四、彩画

彩画是一门古老的建筑装饰艺术，它伴随着木构建筑而发展演化，成为中国传统建筑的一大特色。但在封建社会，由于等级制度的约束，在民居建筑中应用并不普遍，仅在明清之际由于管理松弛，才在某些地区开始运用。较有特色的有如下地区。

（一）北京四合院彩画

王府建筑是官府规定可以绘制彩画的。从现存的王府建筑中可知其宅院中主要建筑的梁架用的是青绿色调旋子彩画，而不能用高贵的和玺彩画。根据府第等级，分别采用金线大点金和墨线大点金的画法，这在旋子彩画中属于中档彩画，至于值房、配房等则更要低一等级，用小点金或雅伍墨画法。王府建筑的某些偏院或园林建筑也可以采用活泼的苏式彩画，柁头或椽头也要绘制，柁头画“博古”、“四季花”、“线法画”等，飞椽头则画“万字”、“十字别”，檐椽头画“团寿”、“福寿”等题材。府内大厅往往有井口天花吊顶，天花彩画多用“片金龙天花”、“团鹤天花”、“百花图天花”等。总之，王府建筑彩画与宫殿、庙宇等大型建筑彩画类似，皆属官式彩画体系。

一般民居四合院的彩画，仅集中使用在大门及垂花门上面，而正厅、配房多为普通油饰，或在梁枋两端作些“掐箍头”式的简单彩画。大门上多用包袱式苏画，并有少量贴金，以示富有。包袱内的图案有故事画、花鸟画、线法楼阁画、水墨山水画等各种题材，构图十分自由。找头内的聚锦题材亦同。垂花门的彩画可画包袱式苏画，也可画枋心式苏画，其前檐垂莲柱间的枋板多画分段小池子，以宋锦衬地，内画白活绘画。而檩条画枋心式苏画，垂莲头做攒退，柁头、榫头、花板皆作花饰彩绘。所以垂花门彩画具有最丰富的彩画构图与组合，是北京四合院中最富有装饰性的建筑。至清朝晚期，政府管制逐渐松弛，一些富户住宅彩画的用金量大增，更凸显出一种华贵的风格。

山西民居彩画应用不多，近代才开始绘制于梁架，包袱式、海墁式皆有，题材多为团花式。因民居大梁皆为圆木梁，故其彩画皆为裹袱画法。

（二）江南苏式彩画

泛指苏杭一带的民间大宅厅堂及祠堂的彩画，也包括了皖南、赣北的民间彩画。江南多雨，故彩画大部描绘在内檐的梁、檩大木上，外檐较少使用。其构图布局不作生硬的对称式，即便是对称的梁檩也可作不同的图案。通常的构图是在梁檩中间画一个三角形的锦纹图案，称为袱子，即北方苏画的包袱。根据梁檩断面的长短，可有“搭袱子”，即锦纹图案尖角向下；“系袱子”，图案尖角向上；“直袱子”，即方形包袱直系在梁上。过于宽大的梁枋则用三块袱子重叠绘制的构图，或在矩形袱子上叠绘菱形袱子。南方民居大木使用圆形断面的梁檩居多，故袱子形状采用系袱子式为主，以便可以从下面欣赏彩画图案。除中央袱子以外，梁檩两端尚有“包头”，即北式的“箍头”。袱子与包头之间为“地”，一般油饰赭红或用原木色，或绘成木纹色。江南苏画多采用五彩包袱锦，多用朱、黄、土、赭等色，色相偏暖，而且用色较浅，明度高，间有片金贴饰，气氛繁丽热烈。与建筑的黑柱、褐窗、白粉墙的素雅风格形成强烈对比，极富装饰性。皖南歙县呈坎村罗东舒祠宝纶阁尚保留有多幅明代的包袱式彩画，弥足珍贵。江南苏画自明代即以锦纹装饰为其特色，一直延续到清代，这一点与江南自南宋以来即为全国著名的锦绣产品集中地有直接的关系。

皖南民居多为两层楼居，因此富户大家厅堂底层天花亦有彩绘，其构图比较自由。多在天花木板的浅灰黄的底色上绘出规则的木纹或席纹，然后在衬底上绘出若干组团科图案，内容有花草、

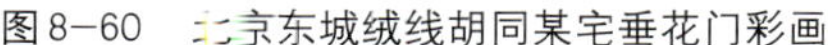
图8-60　北京东城绒线胡同某宅垂花门彩画

图8-61　北京西城柳荫街某宅院门彩画

图8-62　辽宁沈阳张作霖帅府二门彩画

图 8-63　山西太谷曹家大院中院正厅梁架彩画

图 8-64　江苏苏州忠王府檩枋彩画

图 8-65　江苏苏州忠王府梁架包袱式彩画

图8-66 浙江东阳卢宅肃雍堂偏院正厅梁枋彩画

图8-67 江苏常熟翁同和故居彩衣堂梁枋彩画

图8-68 江苏常熟翁同和故居彩衣堂后厅梁枋彩画

图 8-69　安徽歙县呈坎村罗氏宗祠宝纶阁明代彩画

图 8-70　安徽歙县呈坎村罗氏宗祠宝纶阁明代彩画

图 8-71　安徽黟县宏村某宅天花彩画

图8-72 江西乐平浒淹村戏台金漆木雕装饰

图8-73 浙江宁波秦氏宗祠廊轩金漆木雕装饰

图8-74 浙江宁波秦氏宗祠檐部金漆木雕装饰图

对凤等，颜色为红白绿蓝黄五色兼用，蓝绿为主，设色清淡，风格幽雅，很好地衬出住宅的气氛。南方有的民居在梁枋及天花上使用圆光作为装饰图案。

（三）贴金彩饰

是一种以大量金饰装点梁架大木的手法，盛行于闽南民居的主要厅堂。这类彩画的特点是在梁架的辅助构件上，如随枋、柁墩、大斗、小斗、雀替、撑木或撑栱等处，全部贴金，并且与木雕相结合，按构件形体雕出适形的图案，更增加了金色闪耀的效果。而承重的梁枋、栱身则一律为黑红刷饰，即构件正面刷黑漆，底面刷红漆，充分表现构件的体积感，这种做法尚保留有宋代以来的“解绿刷饰”或“丹粉刷饰”的寓意。与此相对应，隔扇门窗往往也涂饰成朱红，局部点金。闽南贴金彩饰只用黑、红、金三色，相间互隔，对比强烈，整体气氛呈现一种瑰丽、华奢的风格，与黑柱、胭脂红砖壁共同构成闽南民居的色彩特征，给观者极强的视觉冲击感。

江西民居的贴金彩饰更为素雅，多以清水栗色漆为底色，小构件及花饰贴金，饰件多浅雕。装饰有节，华美有度，具有极高的艺术品位及技巧。

（四）南疆维吾尔族民居彩画

主要集中在天花及墙顶周边边饰。维吾尔族民居顶棚是檩木横置，上铺半圆形白色小木椽，其彩画主要画在檩木上。构图为分段掐箍头式，图案为五彩填色的菱形几何纹，檩木侧刷白色，而底面也画几何纹式，便于从下面观赏。此外天花四周墙顶部亦画有条形装饰带，图案为两方连续的卷草纹、万字纹或曲线旋转纹饰等。着色以群青、深绿、紫红等深色为底色，用黄、白两色勾线，对比鲜明，与石膏花饰用色规律相似。近年的新民居中亦有在墙顶部位分隔成小池子，池子内部画植物及风景画的。

图8-75 浙江宁波秦氏宗祠戏台天花藻井金漆木雕装饰

图8-76　福建漳浦湖西村黄氏宗祠梁架彩画

图8-78　新疆莎车维吾尔族民居天花彩画

图8-77　广东汕头明安里吴氏宗祠梁架彩色木雕（引自《汕头建筑》）

图 8-79　新疆喀什乌斯唐布依区安江阔恰巷 71 号维吾尔族民居天花彩画

图 8-80　四川丹巴甲居藏寨民居外檐装修彩画

图 8–81　云南大理白族民居三滴水有厦门楼彩画（引自《中国美术全集》）

图 8–82　贵州黎平肇兴侗寨鼓楼檐口彩画

五、彩描

彩描即是在白灰底上绘制彩色图案或画幅，题材自由，造价低廉，是简朴之家常用的装饰手段。广东一带民居的彩描常用在前檐墙楣或室内墙楣处。先以灰打底，纸筋灰罩平，然后绘制彩色或水墨的山水、人物、花鸟等，形成墙与檐瓦之间的装饰带，丰富了民居的立面效果。彩描也可用于门框、窗框、山墙两坡。彩描手法为灰砖围护的广府民居增加了亮丽的色彩感，突出了墙与檐的交接关系。另外，云南、贵州等地民居亦盛行彩描，以装饰墙面。

清代末期在皖南一带的一般民居，无力以磨砖、刻砖装饰门罩，也采用彩描的办法代替，门头之上除挑出的砖檐及瓦面为砖瓦以外，其他如屋脊、枋木、垂柱、字碑等皆为水墨绘制，并可填描花卉风景。窗上方亦可水墨彩绘，称为门楣画、窗楣画。

山东掖县及内蒙古呼和浩特市等地民居多盛行炕围画。即在火炕周围的墙壁上，绘制各种花纹及图案，色彩绚丽，美化了室内环境，应亦属彩描的一种。类似的情况也出现在西北回族民居等地，有的民居以印花纸贴在内墙上，以代彩描，亦有热烈的装饰效果。新疆维吾尔族还喜欢用印花布围在内墙四周下部，称为墙围，这说明寒冷地区的居民希望在室内增加色彩氛围，调节视觉环境。江南民居灶房内的柴灶及灶上用具龛，亦多绘制各种花纹图案，应该说亦是彩描技艺在室内的应用。

图8-83　福建安溪民居外檐山花彩绘

图8-84　云南大理喜洲严家院门楼彩绘

图8-85　云南大理周城白族民居封护檐口彩绘

图 8-86　云南大理白族民居山墙墨绘

图 8-87　广东惠阳矮陂镇黄沙洞刘氏宗祠入口侧壁彩绘

图 8-88　浙江武义俞源村民居墙面墨绘

图 8-89　广东惠阳矮陂镇黄沙洞民居山墙墨绘

图 8-90　北京魏象胡同 44 号院门象眼“镂活”图案

图 8-91　江苏昆山周庄沈厅厨房柴灶彩绘

图8—92 西藏拉萨民居室内墙沿彩绘

图8—93 江苏苏州民居厨房柴灶彩绘

图8—94 云南景洪曼飞龙寨水井彩绘

六、石膏花饰

石膏花饰是新疆南疆维吾尔族人民最喜欢应用的一种建筑装饰，广泛用于民居、礼拜寺的装修、墙面、天花上。石膏装饰分为两种，即刻花及模制。刻花工艺作法是先在土坯墙上以草泥浆打底找平，再以石膏黄土浆抹平，然后抹一层加颜色的纯石膏，如蓝色、黄色、绿色等，干后在其上抹一层白石膏浆面层，该层浆内需加缓凝剂，趁面层未干即开始刻花、剔地，露出下面的颜色，色墙白花十分清雅秀丽。这种办法类似北京的灰泥“镂活”做法。刻花做法多用在圣龛边饰、居室壁龛、壁柱、壁炉或墙面等处。刻花须现场手工制作，费工费时，手艺要求高，所以多用于富裕人家及重点之处。刻花的图案组织非常自由，每幅皆有一定的独创性主题，艺术性较高。模制是用模板浇铸成花卉预制块，粘贴在墙面上。模制石膏花皆是花形复杂的图案，多用在室外檐口、室内墙面上部墙楣或门窗套等带形装饰部位。

伊斯兰教义规定，装饰花纹不准用动物纹样，故石膏花饰也一律为几何纹及植物纹。规矩准确、布置多变的四方连续图案成为维吾尔族民居装饰的特色。多层几何图案套叠在一起，繁而不乱；蔓藤婉转、花叶均布的自然植物图案显露出疏密有致，生机盎然的趣味。而且这些图案皆可适应拱形、尖券、宽窄不同的墙面。图形设计与纹样协调一致，表现出维吾尔族工匠在图案设计方面的高超技艺。某些重要的圣龛、石膏边饰还可加用五彩填色，益增图案之美。纹样的突起断面也有平形、弧形、尖角形、凹槽形的不同，形成光影变化与纹路体量的错觉。石膏花饰大部分为浅雕，仅在少数部位，如壁龛或窗亮子处使用镂空雕。

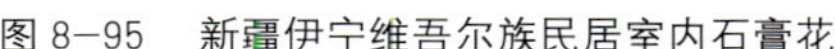

图 8-95　新疆伊宁维吾尔族民居室内石膏花

图 8-96　新疆伊宁维吾尔族民居室内石膏花饰

图 8-97 新疆喀什维吾尔族民居室内石膏花饰

七、灰塑、陶塑

灰塑是南方民居常用的手法。即是以白灰（或贝灰、蛎灰）为原料，经过水化过滤，加砂及纸筋、麻皮、草筋等加固材料，现场塑制出来的各种装饰形体。在广东又称之为“灰批”。

灰塑的形式有圆雕式灰塑，立体感强，多用于房屋正脊或垂脊、山墙头等处，有人物、动物、龙水、鳌鱼、花鸟等。圆雕内部以铜线、铁线为骨架，外敷沙筋灰成形，纸筋灰罩面，出细，最后染配颜色。灰塑也有半浮雕式，多用于门楣、山墙两坡、墀头、前檐墙楣或影壁墙心等处。为了坚固，其内部亦须加用铁钉、铁线固定。因其部位多为条形画框，故题材为花鸟、博古、回纹、几何纹等简单的图案。灰塑是闽粤地区民居盛行的装饰。

在园林中往往制作灰塑漏窗作为景点。其图案采用花鸟立雕式者，内部多用铁筋为骨；图案为几何纹饰者，其内部多用木板、片砖、瓦片为骨，外敷麻筋灰泥固定成型。江南园林民居中使用颇丰，岭南园林中亦有应用。

北京一带将灰塑及抹灰的制法称之为“软花活”，是与砖瓦雕凿的“硬花活”对应而言。软花活又可分为“堆活”与“镂活”两种。堆活即灰塑，多用在西洋式门楼顶上及大门两侧山墙心；而镂活是指在白灰抹面上刷烟子浆一层，然后以竹片按图案进行镂画，显出白灰底色，是一种平面性的装饰，多用在廊心墙及广亮大门屋架的象眼部位。

新疆吐鲁番一带的土拱民居，外壁多用草泥或灰泥罩面，在未干的墙面上以木模压出花纹图案，称为印模压花，内容有植物、几何纹、葡萄纹等。印模压花是一项古老的技术，在汉魏两晋墓室的画像砖上即使用过，新疆高昌故城和柏孜克里克千佛洞内均可见到。压花是最经济便捷的民居装饰方式之一，也属于灰浆装饰的内容范畴。

嵌瓷是工匠们利用破碎的瓷片作为材料，用来装饰外檐的方法。多盛行于广东潮州，福建漳州、莆田沿海地区民居。既可防止海风的侵蚀，又十分经济美观。四川、湖广等地也有应用。嵌瓷工艺多用在屋脊或翼角等处，采用线脚或简单的花纹图案，而用于影壁墙面制作时，亦可采用花鸟植物图案。根据图案要求，嵌瓷可制成平瓷、半浮瓷、浮瓷。为了粘牢瓷片，除选用上等灰浆以外，尚需熬制加有红糖、糯米浆等材料的高黏度灰浆作为黏结剂。

陶塑是用陶土塑出所需要的装饰形体以后，入窑烧制硬化，然后以高强黏结剂粘附在装饰部位上的装饰方法。一般在屋脊及漏窗上使用较多，通行于闽粤一带。颜色以砖红色为主，近代在广州一带亦盛行涂刷绿色琉璃釉的陶塑花砖。北京的砖雕制品亦有一部分是先塑成型，烧结以后再作精细加工的，称为窑作花砖。

另外，还有一种饰壁的方法就是贴面砖。云南大理民居为了保护夯土山墙，早期使用白灰罩面的方法，以后发展为片状型砖贴面，并组成各式图案。福建泉州则用红灰两色条砖嵌壁，组成图案，近代以来，又使用彩绘瓷砖来装饰墙面，颜色更为丰富而鲜丽。

上述所提到的灰塑、嵌瓷、陶塑、贴砖等技艺，皆是在雕刻技艺的启发下，在清代逐渐发展成熟起来的，作为简便易行的装饰手法在民间广为流传。这个事例反映出物极则变，形式美学加工需要不断推陈出新，寻求新的表现形式这一客观规律；同时也反映出砖石构造在封建末期逐渐扩大应用范围，并产生适合砖石材料加工的这种新趋势。

图8-98　广东广州陈家祠侧门门头陶塑　图8-99　广东广州陈家祠脊饰陶塑

图 8-100　台湾南雄十八王公庙脊饰陶塑

图 8-101　福建南安官桥乡漳里村民居墙头灰塑

图 8-102　福建古田利洋花厝墙檐灰塑（引自《中国美术全集》）

八、文字装饰

文字装饰是中国特有的一种装饰元素，与其他使用拼音字的国家不同，中国文字不仅是交流思想的工具，而且具有极高的美学价值。一页书法碑帖，就是一幅抽象的画，散发着无穷的艺术魅力。中国文字具有这种感染力，源于几项因素。首先它的历史悠久，有数千年的发展历史，经历变革，形成不同的书体，从甲骨文、古籀文、大小篆文、隶书、行书、楷书、草书，一脉相承，同音同义写法不同，增加许多变化趣味。再者，中国传统是用毛笔写字，抑扬顿挫，激徐婉转，间架摆布，笔锋软硬，每人写来各不相同，特别是历代已经出现了得到肯定的众多书法家，如欧柳颜赵、苏黄米蔡等，更是大家欣赏的楷模。好的书法就是一件艺术品，人人都有欣赏的欲望。还有，中国文字是方块字，一字一音一义，从文章文句构图来讲，比较自由，可横排、竖排、回环排、放射排、对联排。这种自由特点，对于中国文字用于建筑上很重要，可适应各个建筑部位的要求。此外，中国文字音韵的平仄及字义的对仗更是拼音文字所没有的，由此引发的诗词文化进而促进了联句的兴起，对联用于对称布局的中国建筑上（包括民居）是再合适不过的，可以说是珠联璧合。综上所述，中国建筑中反映出文字装饰，是顺理成章的现象，也可以说，中国建筑空间内不可没有文字。

文字装饰在民居建筑中的应用有几种表现形式。首先就是匾额。每座重要厅堂的明间后檐上方皆需悬匾，一般为堂名匾，如“肃雍堂”、“承志堂”，表示宗族的一个分支，家族的名号。也有些功名匾、善行匾，如“文魁”、“惠及桑梓”等。园林厅堂中悬有景点匾，如“远香堂”、“竹外一枝轩”等。还有些在大门或二门、旁门上悬有教化匾，如“谦受益”、“知所止”等。总之每座重要建筑都会有名称，书于匾上。匾额的造型有多种，宫廷、庙宇所用的有“一块玉”匾，即整块木板制成，无边框；框档匾，即四周有边框，中心为平板；斗子匾，即四周有斜置的框板，形如大斗；花式匾，即匾的外形作成各种花式，如书卷式、蝙蝠式等，多用于园林厅堂。匾框的花式、油饰的颜色、字体的用材皆有不同，是匾的美学表现所在。但民居中所用的匾式皆为一块玉式匾和框档匾；字体为阴刻居多；匾面油饰色漆，以白色和原木色居多，亦有局部装金者。

南方的大型民居在大门入口处书写门匾的甚多，门匾又称门榜，即为住宅起个名字，悬于门上。如广东梅县多为平安祈福之意的“宇安庐”、“人境庐”。梅县客家人多取迁居以前祖居之地为名，如“荥阳堂”（潘姓）、“上谷堂”（侯姓）。闽南客家人为楼居，取名吉祥之意，如“福裕楼”、“振成楼”。而赣南客家人的围子则多取四字门匾，如“尼山流芳”（孔姓）、“乌衣世泽”（谢姓）等。

对联多用在外檐或正厅的明间左右柱上。对联的字数不拘多少，但定要对仗工整，词意相当，平仄合韵。有些对联把建筑环境、治家箴言皆准确地表达出来，如福建永定县振成楼厅内对联为“振乃家声，好就孝悌一边做去；成些事业，端从勤俭二字得来”，联头二字为“振成”。江西九江柏山村的对联为“秀山青雨青山秀，香柏古风古柏香”，不仅把柏山村景描写出来，而且正念倒念皆同。对联的形式有平板式或抱月式（半弧形）、有边框或无边框之分。用于厅堂的对联一定与字匾的形制相匹配，虽然字体、颜色可不同，但风格应接近。对联有时以纸质的条幅出现，与中堂画或题字相配属，作为正厅堂壁的悬挂装饰物，其美学价值除了书法艺术之外，全靠装裱技艺来发挥。此外，北方民居的大门门扇上常刻有门对，红底黑字，书写“忠厚传家久，诗书继世长”、“芝

图 8–103　浙江武义郭洞村何氏宗祠匾额 图 8–104　江苏常熟翁同和故居门匾

图 8–105　天津杨柳青石家大院门头花匾　图 8–106　安徽歙县呈坎村罗氏宗祠正厅匾额

图 8-107 山西祁县渠家大院南院正厅荷叶匾

图 8-108 台湾宜兰黄举人宅正厅门匾

图 8-109 安徽黟县宏村承志堂堂匾对联及书画条幅

图 8-110　江苏苏州沧浪亭瑶华境界厅堂匾及《沧浪亭记》刻书

图 8-111　江苏苏州狮子林燕誉堂堂匾及《狮子林记》刻书

图 8–112　江苏苏州网师园万卷堂联匾书画

图 8–113　山西榆次常家庄园贵和堂正厅壁挂文字条幅

图 8–114　广东开平蚬冈镇锦江里瑞石楼隔扇心板上文字题刻

图 8–115 山东栖霞牟氏庄园大门门对

图 8–116 北京四合院随墙门上门对

图 8–117 山西榆次常家庄园石芸轩书院两廊名家书法砖刻

兰君子性，松柏古人心”等传家遗风的词句。

屏刻即是将诗文、堂记刻于木板壁上。室内的整间屏壁和分扇的屏门皆可题诗著文，整篇华文立刻为厅堂增加了书卷气氛。大户人家常将百寿、百福等各式异形字体刻在照壁墙上，以示增福增寿的愿望。

建筑的隔扇心、窗棂格、栏杆格等由小木作组成的图案上往往也融入了文字组成的图案。这

图 8-118　浙江湖州南浔小莲庄隔扇门木刻文字格扇心

图 8-119　江苏吴县东山春在楼后楼跑马廊文字图案栏杆

种文字多经变形棂条相互联络，以求坚固，故多用篆体字。由文字组成的棂格图案的剪影效果非常好，打破了规整几何图案的定式。

影壁心的中心部分除了砖刻花饰以外，也可镌刻吉祥文字，如“吉祥”、“戬谷”、“鸿禧”之类。

文字装饰在民居建筑美学上的作用不可忽视。它可以突出建筑空间表现的重点之处，凸显文字图式之美；它可以增加建筑的内涵，在宣扬教化、传承家风、园林点景、取美扬善诸方面发挥作用；

图8-120　浙江湖州南浔小莲庄文字窗格

图8-121　浙江湖州南浔崇德堂文字窗格

图8-122　浙江湖州南浔崇德堂文字窗格

它可以加强“观赏”与“联想”之间的互动，景色、建筑是无言的，文字诗词是有意的，两者互补，相得益彰，这就是在传统建筑中文字装饰的妙用。

九、铺地

铺砌地面是建筑工程最基本的要求，以便于行走，便于清扫。传统住宅的厅堂内多用方砖或条砖铺装，豪宅还将方砖水磨浸油，增加光亮度。小户人家也可用三合土墁地。室外可用方砖、石板，农村院巷用乱石、卵石等材料。总之以平整、耐磨，材料简约易得为原则。即《园冶》中所谈“惟厅堂广厦，中铺一概磨砖，如路径盘蹊，长砌多般乱石”。但是，在江南富庶地区民居院落及园林的地面大多进行了美学加工，追求图案花式，创造出如毡毯一样的美学效果。在室外的地面上进行艺术处理，追求“吟花席地，醉月铺毡”美学意境的这种创意，除了中亚地区的马赛克镶拼地面以外，在世界范围内可说是独创。铺地艺术可以说是一种装饰手法，但不同的于彩画、雕刻、灰塑等装饰手法以“装”为主（即后装上去的）。而是以“整”为主，通过对原需使用的材料加以整理，形成美观的图式，这种手法也可称之为整饰。

铺地装饰艺术有自己的特色，表现在就地取材、图案组织和材料选配等方面。江南地区铺地使用的材料皆是当地习用的普通建筑材料，有的甚至是残破砖瓦、缸片、瓷片等，有些是废料，如在炼银过程所剩的各色炉甘石。《园冶》中称“废瓦片也有行时，当湖石削铺，波纹汹涌；破方砖可留大用，绕梅花磨斗，冰裂纷纭”即是此意。就地取材所用的铺地材料有砖（包括砖、片砖、方砖）、瓦（包括各号筒瓦、板瓦）、卵石（包括灰、黑、白、黄各色卵石）、碎石、石板、碎缸片、瓷片、各色银炉渣等。这些都是零碎的、耐磨的、易得的材料，价格便宜，而且调配十分简单。

地面是水平的，因此铺地图案皆是平面的两方连续和四方连续的，水平可无限展开，适应各种不同形状的庭院及园路。为了追求锦地效果，其图案单元都比较小，按砖瓦尺寸形成的单元约为 30 厘米左右，有的更小，适于近距离观赏。为了坚固耐磨，材料以立砌为主，所以图案的肌理为线形或点形组成。肌理产生方向性，不同方向的图案肌理，可形成不同的光影效果。这些都是铺地在图案设计上的一些特点。

为了使图案更为鲜明夺目，必须增强所用材料的对比性，根据建筑材料的特殊性，以达最佳组合。这就涉及材料颜色的深浅、质感的精细、纹路的正斜、吸水性的强弱等各项性质。例如砖瓦片颜色深，而碎石、瓷片颜色浅，所以用砖瓦勾埋轮廓，以卵石、碎石填心，效果更鲜明。碎石质地粗糙，卵石精细，两者搭配可示对比。又如规整的锦纹图案的各个单元形状都是相同，但将填心砖的排列方向逐个单元互转，纹路各异，则从不同角度观看，会产生变化的效果。砖瓦的吸水性强，吸水后颜色加深，石材、瓷片基本不吸水，雨后冲刷更显洁净，以此二者搭配，颜色差异明显。特别是江南地区雨量充沛，雨后的铺地可尽显罗纹锦绣的华美之姿。

《园冶》一书中所反映的明代铺地图式有乱石地、鹅卵石地、冰裂纹地、砖瓦镶边地等数种。但至近代，江南地区铺地图案的构图极大地丰富了，基本分为四种模式，即海墁式、界道填充式、自由图案式、整形镶嵌式。每种模式都可产生许多变化，寄托了匠人的巧思。

海墁式即是用一种材料，按一种变化规律铺砌，如人字纹、方格纹、斗方纹、席纹、芦菲片等。所用材料以砖、石为主，缸片亦可。多用在厅堂前庭、廊道、甬路等处。

界道填充式的变化最多，其构图先以砖瓦勾画出图案线形，线形以内再以卵石、碎石、瓷片、条砖等填充、铺墁整齐。以条砖为界的图案有人字锦、龟背锦、套八方、长八方、四方间十字、冰裂纹、攒六方、八角灯景、万字式等式。以瓦为界的图案有鱼鳞式、海棠式、万字海棠、软脚万字、栀花、海棠栀花、套钱、金钱海棠、球文等式。以砖瓦组合为界的图案有万字栀花、十字海棠、冰穿梅花、套方金钱、葵花、四方灯锦等式。界道填充式是铺地的主体图式。

自由图案即是在海墁式卵石、碎石铺地中，以相同材料穿插布置一些简单的图案，如方胜、团花、波纹等。这种图式比较柔和，似有似无，反差较小，多用在次要的空间，施工要求亦不严格。

整形镶嵌式即是以多种材料组成像生图案如蝙蝠、蝴蝶、仙鹤、山羊、荷花、扇子、盘长等具有吉祥意义的题材，布置在地面中心位置，如院落中心、厅堂门前，以取吉祥多福的企望。这类图案的加工需有一定技术水平，否则画虎不成反类犬。

近代有的地区以整过形状的石材铺成图案，人工雕凿的痕迹太浓，反不如天然材料那样淳朴自然。

花街铺地以美化环境为主旨，极尽变化之能事，以求加强空间的个性特点。在宅园设计中，铺地图案的选择往往与景区意境及建筑环境相配合，强化空间的表现力。如苏州拙政园枇杷园的铺地为冰裂枇杷，与建筑冰裂纹窗及植物枇杷相呼应。又如拙政园海棠春坞的铺地为海棠纹，与景区含义相配合。又如上海豫园厅堂院落的八方灯锦铺地与厅堂的八方灯锦长窗窗格相协调等，这些都是铺地空间作用的实例。

图8—123　江苏无锡寄畅园铺地

图 8-124 江苏无锡寄畅园铺地

图 8-125 江苏无锡锡惠公园铺地

图 8-126 江苏吴江同里退思园铺地

图 8–127 江苏无锡寄畅园铺地

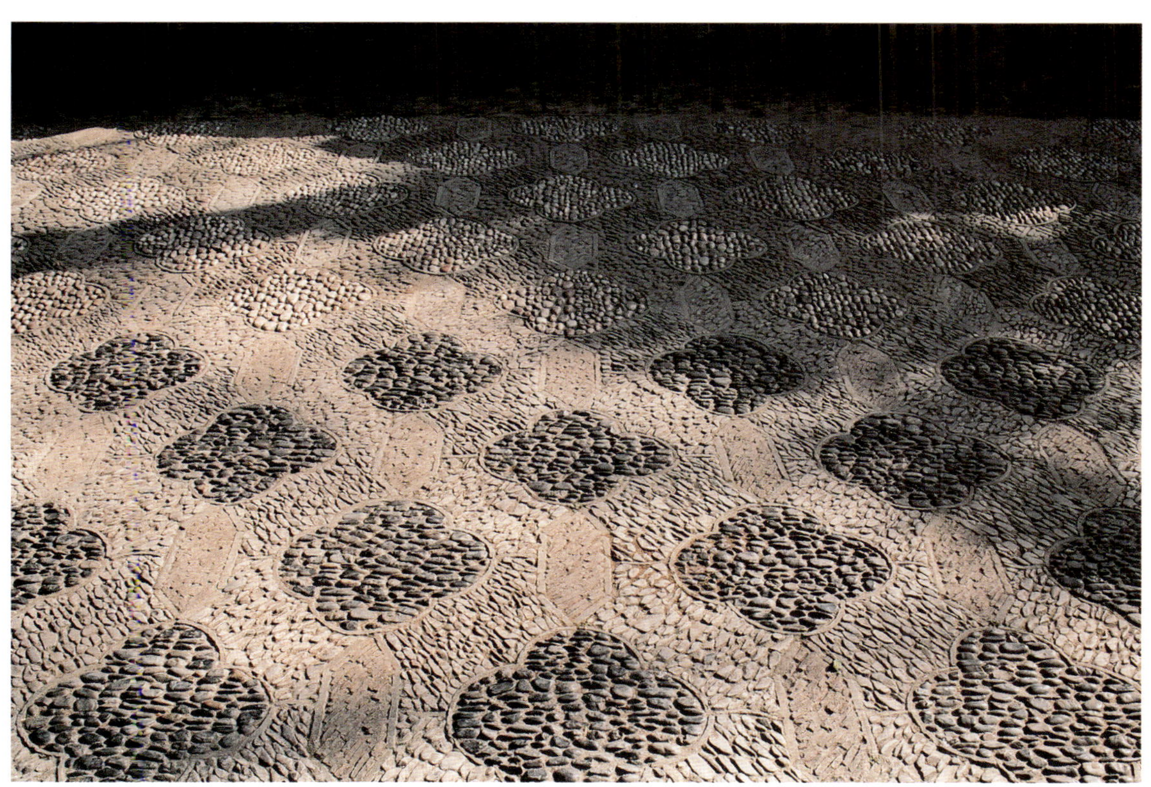

图 8–128 江苏苏州留园铺地

图 8-129　江苏苏州网师园铺地

图 8-130　江南铺地图案之一

（左上，江苏苏州留园卵石银渣冰穿梅花式；

左下，江苏苏州白塔东路半园卵石八方灯锦式；

右上，江苏苏州留园缸瓦卵石万字海棠式；

右下，江苏苏州留园卵石海棠荷花式）

图 8-131 江南铺地图案之二

（左上，江苏苏州鹤园卵石八方灯锦式；

左下，江苏苏州狮子林碎石万字栀花式；

右上，江苏苏州网师园碎石栀花十字式；

右下，江苏苏州狮子林卵石缸瓦金钱海棠式）

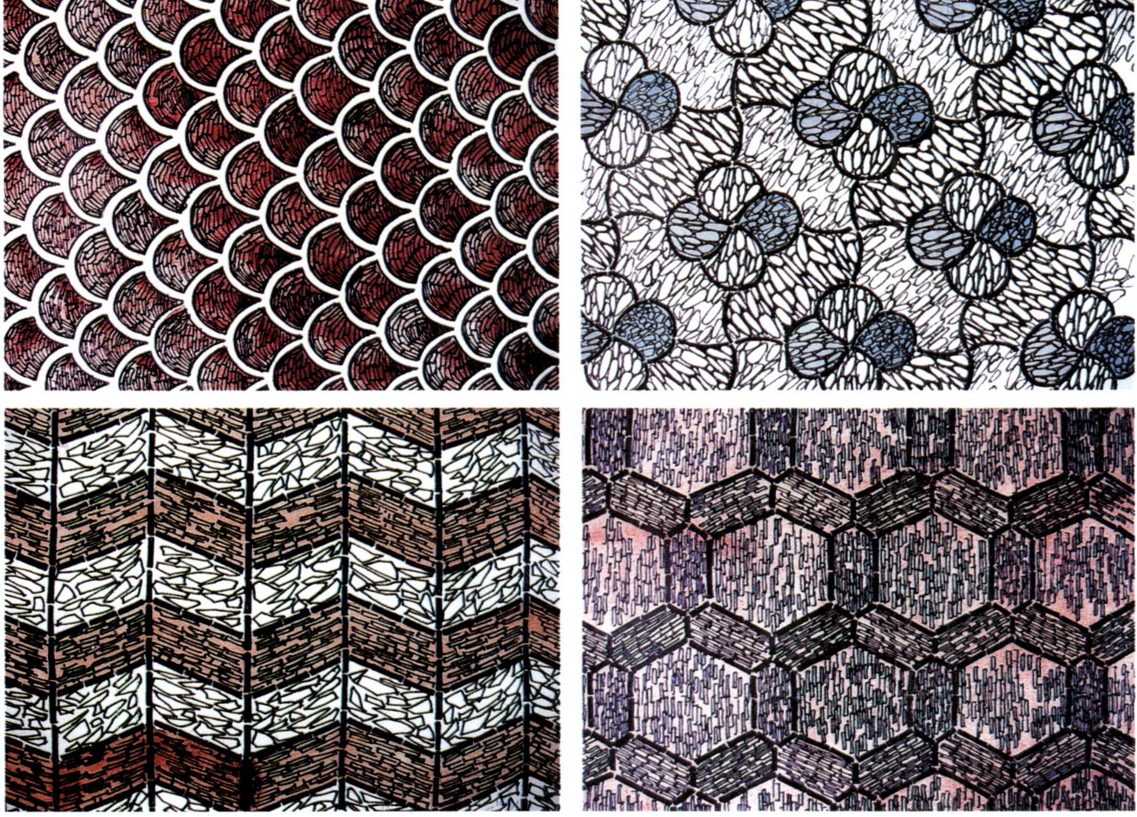

图 8-132 江南铺地图案之三

（左上，上海豫园缸瓦鱼鳞式；

左下，上海豫园碎石缸瓦硬波纹式；

右上，江苏苏州留园卵石银渣转心海棠万字式；

右下，上海豫园缸瓦攒六方式）

图 8–133 江南铺地图案之四

（左上，江苏苏州网师园碎石软脚万字海棠式；

左下，江苏苏州白塔东路原兵役局卵石缸瓦六方锦式；

右上，江苏苏州留园卵石碎石六角冰裂纹式；

右下，上海南翔古猗园缸瓦碎石式）

图 8–134 江南铺地图案之五

（左上，江苏苏州留园碎石棋盘格式；

左下，江苏苏州壶园碎石青砖菊花式；

右上，江苏苏州留园卵石菊花式；

右下，江苏苏州网师园青砖碎石斜方格式）

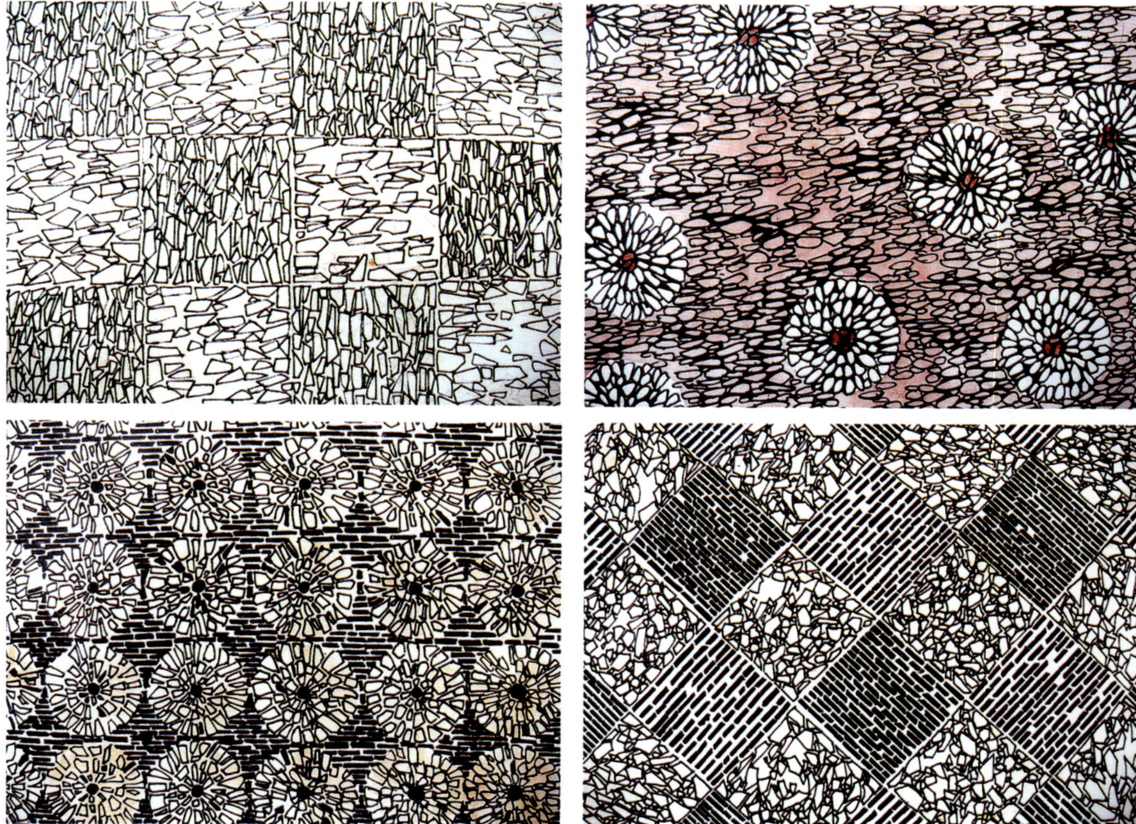

图 8–135 江南铺地图案之六

（左上，江苏苏州拙政园卵石六角冰裂纹式；

左下，江苏苏州狮子林卵石八方橄榄锦式；

右上，江苏苏州留园碎石卵石缸瓦八方橄榄锦式；

右下，江苏苏州拙政园青砖碎石四方十字式）

十、生活色彩

建筑色彩是建筑美学的重要一环，建筑形象的表达不外乎形体、质感与色彩三方面，缺一不可。而建筑色彩的取得有三个源头，即环境色彩、物体色彩、生活色彩。

环境色彩即是建筑物周围所触及的所有物体的色彩。如蓝蓝的天空、褐黄的土地、葱绿的树木、一年四季五颜六色的花卉、春种秋收的庄稼、灰色的山岩、嫩绿的草地、碧蓝的湖泊、白练般的瀑布，还包括人工制作的道路、桥梁、车辆，人工饲养的牛马羊群等。环境色彩虽非建筑本身的色彩，但它以背景色的位置与建筑同时出现，共同组成画面，创造对比、协调的艺术气氛，是不能分割的色彩因素。若加上阳光因素造成的阴、晴、晨、夕的色彩变化，则更显出环境色彩的丰富与变幻。

物体色彩就是建筑物本身的色彩，包括群体与单体、外檐与内檐、结构与围护、构造与细部、装饰与陈设等实体所表现出的色彩。这些色彩是人为的，是通过建造所形成的，是由建造者安排的。色彩来源于两方面，一是自然建筑材料的色彩，如石、土、木、灰、竹等的颜色；二是人工制造材料的色彩，如砖、瓦、纸、布、琉璃等。在传统民居中自然建筑材料的色彩成为主色，而由于科技的发展，现代建筑人造材料的色彩已经转化为主色。

以上两种色彩的表现在上述各章节中都有表现，若是追寻其美学规律，仍是在对比与统一，协调与变化之间的取舍调配，而且是凝固的、定格的画面构图。

图 8-136　北京门头沟斋堂镇爨底下村民居内存放的瓜果蔬菜

图 8-137　四川理县桃坪羌寨秋收季节

图 8-138　四川丹巴甲居藏寨民居楼顶盆花与彩色外檐装修搭配

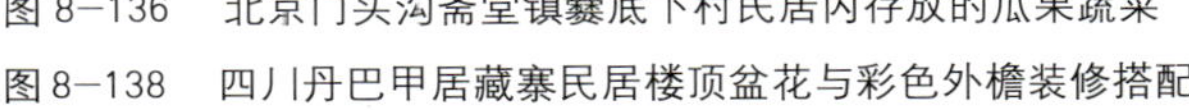

图 8–139 贵州镇宁石头寨民居黑色石墙与白色家畜相对比

图 8–140 山西临县碛口李家山村民居节日悬灯贴对景象

图 8-141　甘肃迭部藏族村寨中经幡成为村中重要点缀

图 8-142　安徽歙县油菜花景色

图 8-143　甘肃礼县村庄秋收后一片金黄色

图 8-144　新疆乌鲁木齐天池哈萨克族毡包内帐顶及壁挂的彩色毛毯

图 8-145 新疆乌鲁木齐天池哈萨克族毡包内帐顶及壁挂的彩色毛毯

图 8-146 青海互助五十乡土观村民居内土族姑娘华丽的民族服装

图 8-147 贵州雷山郎德上寨苗族姑娘鲜艳的民族服装

但生活色彩则不同。生活色彩是指人们在生活（包括生产）的各种活动中所形成的诸种景象的色彩，它是可变的、可移动的、没有固定搭配规律的色彩组合。例如人们的服饰、日常用具、节日活动中的仪仗、彩旗、灯饰、门对寿联、收获季节的粮食、果菜等，都会在建筑色彩构图中增加大面积的变化因素，产生出异样的美感。生活色彩没有严格的规律，杂色并陈，但总以凸显为目标，这点在农村中十分明显。因农村民居以天然建筑材料为主，颜色灰淡，亮度偏低，协调有余，变化不足，当生活色彩出现时，会产生色彩的振奋，如过节的贴饰，新制的衣服，堂会的舞蹈，迎神赛会的旗帜，春季大面积的黄色油菜花，秋季满地的黄色向日葵，收获季节庄院中的玉米、南瓜、辣椒等都是使人振奋的颜色。少数民族妇女色彩斑斓的服饰，在农村中更是色彩变化的亮点。生活色彩一定要在简单背景色的衬托下才能显现，而且越是单纯的原色就越鲜明。反观城市，其生活色彩太多了，五颜六色，光怪陆离，反显得杂乱无章，色感麻木。

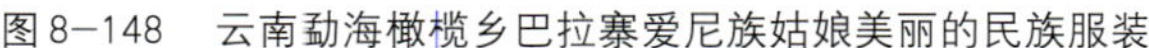

图 8–148　云南勐海橄榄乡巴拉寨爱尼族姑娘美丽的民族服装

图 8–149　云南大理周城民居内服装靓丽的白族妇女在廊下做家务

玖·崇信之美

由于人们对自然现象的不理解与畏惧，在宗教出现以前，原始人类就开始了对自然的崇拜。包括雷、雨、电、火等自然现象；山、川、树木等自然物体；牛、虎、鱼、蛇等动物；以及人类繁殖所必需的生殖器的崇拜。远在公元前15~20世纪的印度人就产生了对海豹及生殖器的崇拜，中国辽宁凌源县牛河梁新石器时代红山文化遗址中发现的女神泥塑像残块，说明在公元前20世纪以前，中国亦出现了性别崇拜。至今在国内某些少数民族地区，仍存在着图腾（动物或植物）崇拜。

宗教出现以后，人们对神灵的崇拜导致出现了一大批宗教建筑及偶像。佛寺、道观、礼拜寺、教堂成为城乡生活中大众关注的重要建筑。宗教崇拜不仅表现在人们的公共生活中，同时在家庭生活中亦有体现，如佛堂、门神、关帝龛、土地龛等与民居融为一体，并成为重要的民居美学因素之一。

自汉代以来，儒学成为国学，儒家所推崇的礼制思想孕育出一系列的礼制建筑，即所谓的坛庙建筑。这里包括有对自然神祇崇拜的天、地、日、月、五岳、四海、风、云、雷、雨诸神；也包括有对人文神祇崇拜的孔庙、历代帝王庙、太庙、贤良祠、关帝庙、祖祠、家祠等。即按照天、地、君、亲、师的构思，分类安排。

在中国，原始崇拜、宗教崇拜、礼制崇拜是构成社会崇拜的三大来源。但由此引发的崇拜建筑，大部分为皇家官府建筑或社会公共建筑，它们都是大型的建筑，甚至是艺术性很高的建筑。而与聚落及民居建筑密切结合的只是其中一小部分，包括宗祠、祠堂、祖龛、佛堂、佛龛、土地龛等，以及图腾崇拜的各种信物。而就是这些特殊的建筑及物件，给传统民居及村镇带来变化的图案、绚丽的色彩、丰富的造型，添加了无数的美学趣味。如果撇开其内涵中的思想含义，其形式上也有许多可进一步赏析之点。

在中国尚有一类特殊的纪念性小建筑，就是牌坊，用来表彰和纪念某些值得赞扬的行为。中国封建社会并没有纪念碑、纪念柱，或纪念人像等纪念形式，而是用文字进行褒扬。将文字书写在里坊或家门的门坊上，即所谓的"旌表门闾"。久之，则成为一种独立的建筑形式——牌坊。为了耐久不坏，由木制改为石雕。当然门坊还可安排在道路上，具有标志入口的作用，这已不在我们讨论的范围之内了。

一、祠堂

祠堂是封建社会最基层的礼制建筑，尤其是同姓族村中必不可少的建筑物。祠堂中可举行祭典、会议、庆祝等全族活动，因此它是全村最高大、最华丽的建筑，其用材、装修、装饰的质量皆为上乘，显示其尊严性。在造型上也各有特色，绝无雷同之作。

按"视死如生"的理念，祖先祠祭之所亦为"前堂后寝"之制，故一般祠堂皆为三堂布局，即门屋、拜厅、寝厅（供奉祖先木主或遗像）。当然随财力之丰寡，亦有变通增减之做法。

为了表示对祖先的崇敬，祠堂建筑皆高大雄伟，用料粗壮，雕饰繁多，廊庑周回，院落宽广，显现出"肃穆"的美学特征。其装饰的重点在多变的宽大的门屋、粗壮的梁柱和精细的雕刻，这些都是普通民宅不可比拟的。

例如安徽绩溪坑口村的胡氏宗祠，其门屋宽七开间，三叠式歇山屋面，有轩敞的五间门廊，当心间宽达6米，是同类祠堂规模最大的。安徽歙县呈坎村罗氏宗祠庭院宽阔，宝纶阁面阔九间，梁架上遍布精细彩画，是美学价值极高的实例。广东地区祠堂门屋前廊柱枋皆为石材建造，并且额枋做成折曲的月梁形式，满雕图案，成为一个地域特点。广州陈家祠堂的拜厅及寝厅梁架皆髹黑白漆，叠梁架栱，雕饰繁多，极具庄严、华丽于一体。此外各地小型祠堂的门屋与厅堂皆各具特点。

为了表彰本族人的功勋善政，在祠堂门前广场上一般多树有牌坊及旗杆。牌坊多为纪念族人忠孝节义的行为；而旗杆多为宣扬族人的科举成绩，有中状元者可立一旗杆，旗杆愈多，说明本村的功名仕途之成功人士愈多。福建南靖的塔下村张氏宗祠前的旗杆改为石制，称为"石龙旗"，雕刻精丽，是为特例。

图9-1　广东广州陈家祠正厅

图 9-2　安徽绩溪龙川乡坑口村胡氏宗祠正厅

图 9-3　浙江兰溪诸葛村大公堂正厅前院

图 9-4　广东三水范湖镇大旗头村裕礼郑公祠

图 9-5　广东广州陈家祠门厅内景

图 9-6　福建永定湖坑乡洪坑村振成楼内祠堂

图 9-7　安徽歙县呈坎村罗氏宗祠前院

图 9-8　山西阳城皇城村陈氏宗祠

图 9-9　浙江兰溪诸葛村丞相祠堂拜殿

图 9-10　安徽绩溪龙川乡坑口村胡氏宗祠门屋祠匾及雕饰

图 9-11　福建南靖书洋乡塔下村张氏宗祠入口

图 9-12　安徽歙县棠樾村鲍氏宗祠前牌坊及幡杆

图 9-13　福建南靖书洋乡塔下村张氏宗祠德远堂前广场上石龙旗

图 9-14　浙江建德新叶村文峰塔及祠堂

图 9-15　福建南靖书洋乡塔下村张氏宗祠石龙旗细部

二、牌坊

除祠堂以外，在民间建筑中与礼制相关的尚有书院、魁星阁和文风塔、牌坊三类建筑，其中以牌坊最为突出。

牌坊是一种中国所独有的建筑小品，在城乡风貌中起着重要的点缀环境的作用。它的原型来自坊门（古代封闭的居住区的入口门），是一种两柱间连一横枋，中间加设门扇的简单的门式，因此柱头上套有黑色的瓦筒以防朽坏，宋代称之为乌头门。古代社会遇有表彰的事情往往写在坊门上，记功扬善，光耀乡里。宋代以后，这种记功坊门独立出来成为一种建筑类型，称之为牌坊。

牌坊在建筑群体中的作用有两种。一为标志坊，用以标志里弄、道路或重要建筑的入口，有口无门，仅起到引导加强的作用；一为表彰坊，用以表彰哲人善事，树立榜样，其内容包括功名、节孝、功德、慈善等诸多方面。在村镇、坊里见到的大量的牌坊是属于表彰坊类型。例如安徽原徽州府地区六县境内在“文革”前就存有牌坊达千座以上。

牌坊的形制在原乌头门的基础上，又添出许多变化。分为二柱单间单楼、二柱单间三楼、四柱三间三楼、四柱三间七楼、六柱五间十一楼等不同规模的形制。所谓的“楼”就是在柱间额枋上覆盖的小屋檐，以防木质梁枋淋雨糟朽。有的牌坊为石制，同样也保留了楼檐的形式。仔细分析牌坊立面，尚可分为柱子出头的冲天式牌坊和柱子不出头的楼檐式牌坊。若按构造的材质分析，尚有木、砖、石、琉璃四种。但保存在民间的牌坊大部分为石牌坊，少量的木牌坊、砖牌坊往往用于民居大门的贴面，而琉璃牌坊仅用于皇家建筑或重要庙宇。

从建筑美学角度欣赏牌坊有几点值得重视。首先是群置构成的气魄。例如曲阜孔庙的前导设置了金声玉振坊、棂星门、太和元气坊、至圣庙坊四座石牌坊，随后又设置了圣时门等四座门屋，构成轴线贯通、气魄恢宏的引导。在浙江东阳卢宅的规划布局中，从村口直到主体建筑肃雍堂，安排了 11 座石牌坊。它们是忠直名臣坊、解元坊、南国文章坊、同胞三凤坊、贞节坊、方岳重臣坊、柱史坊、风纪世家坊、大方伯坊、旌节坊、大夫第坊。由于各座牌坊的层层铺垫，陆续展开，使得主体建筑益发庄重。安徽歙县棠樾村的村口东端甬道上安排了七座牌坊，按“忠”、“孝”、“节”、“义”、“节”、“孝”、“忠”的表彰内容排序，分别表彰棠樾村鲍家的忠义孝行，最西端以鲍氏宗祠敦本堂及女祠清懿堂为起始，直达路边。七座牌坊分别是鲍灿孝行坊、慈孝里坊、立节完孤坊、乐善好施坊、劲节三冬坊、天鉴精诚坊、命涣丝纶坊。牌坊群成为棠樾村的重要标志与引导，也说明审美中的多次重复也能构成美感。

牌坊形体的变化可提高欣赏趣味。例如材质的变化，可引发轻盈与厚重的感受；间数、楼数的不同，外观自然各异。最大型的莫过于明十三陵的五间六柱十一楼的石牌坊，面阔 29 米，高 14 米，气魄十分雄伟。民间石牌坊的变化集中在顶部楼檐的处理。变形的斗栱、空透的栱眼雕刻、丰富的脊饰，以及各层楼檐的穿插都可形成别致的造型。此外构造的变化也能开发出新意，如山西阳城皇城村的冢宰总宪坊。皇城村为清代总撰《康熙字典》的陈廷敬老家，建造此坊为了突显陈家五世子弟仕途的成效，将历任的官职书于坊上，因此加大了额坊上裙板的面积，横列五道细坊，形成无数题板，使外观别具一格。又如安徽歙县城内的许国牌坊，将并列的两座四柱三楼冲天牌坊串联在一起，形成口字形的八柱牌坊，成为牌坊中的特例。而漳州邱兰理石坊更在四根主柱的前后各加一根檐柱，使次间成为一个空间结构，又采用了垂柱、弯梁、透雕等手法，增加了牌坊立面的丰富性，是一件很成功的创新作品。

石牌坊的细部雕刻是匠人创作的重点，雕饰部位在横枋、柱身及靠背石（即椅柱的戗石，北方称抱鼓石）上。横枋雕刻有两种，一为高浮雕的动物，如狮子绣球、鱼跃龙门、江水龙腾、双凤朝阳等吉庆图案，主题动物生动，突出枋面达十余厘米，远观效果十分突出。另一种为仿木构彩画图案，即枋心式彩画与包袱式彩画，刻工细微，图案规整。有些明代石枋上的图案，可作为研究明代南方彩画图案的样本。柱身石刻大部分为锦纹图案，使平直坚硬的柱身柔性化。靠背石除了采用平板戗石或抱鼓石式样外，多数石坊采用坐狮或倒扒狮的圆雕造型，增加牌坊近人的效果。

图 9-16　河北保定直隶总督府戒石铭坊

图 9-17　安徽歙县棠樾村牌坊群

图 9-18　浙江东阳卢宅入口"风纪世家"坊（引自《全国重点文物保护单位》）

图 9-19　浙江东阳卢宅"大方伯"坊

图 9-20　山西阳城皇城村"冢宰总宪"坊

图 9-21　安徽歙县许国坊

图 9—22　安徽歙县许国坊细部

图 9—23　福建漳州邱兰理石坊

图 9—24　安徽绩溪龙川乡坑口村“奕世宫保”坊

图 9–25 安徽黟县西递村胡文光“荆藩首相”坊

图 9–26 山东安丘庵上村张氏石坊

三、龛帐、佛堂

在我们这个多民族的国家，由于历史渊源的不同，还产生了许多民间的、地方性的信仰，如妈祖、土地、关帝、三官等神祇。除了在城镇中为其设庙供奉以外，在民居内部亦设有神龛供奉。北方供奉土地神的较多，一般为砖构，镶贴在入口墙壁或影壁上，节日有香火供奉。其造型多类似一座小建筑物，雕镂精细，极具装饰性。南方居家多供奉关帝 保家宅平安，龛内多有关帝像。此外，也有供奉财神或天官的。而大型祠堂的大门上皆绘有门神，这也是常用的装饰手法。

传统的敬天法祖思想在民居内部的反映就是立祖堂，堂内设有祖龛，龛内供奉本支的历代祖先神主或影像。祖堂一般安排在多进房屋最后一进的正房；若单进四合院的正房为二层（或三层），也可设在楼上的明间。小户人家则往往将祖先木主供在堂屋的明间后壁。

供奉神主的祖龛在一般民居中皆为重点装饰的对象，以示对祖先的尊敬，色彩斑斓，格式多样。祖龛有落地或不落地的，其设计模式有仿建筑式、仿橱柜式、仿屋内隔断花罩式，并且多做成多层套叠，层层递进，增强龛内空间深远的感觉。有的祖龛还设计有龛门，平时关闭。龛体皆为彩色髹涂，红金装点。尤其在宗族观念浓厚的南方地区，民居祖龛的装饰性更强，雕饰精丽，甚至满金贴饰。笔者在调查各地民居中观察到，民居建筑、门窗梁柱可能有雷同之例，但祖龛却异彩纷呈，各有特色，绝无相似之作。

在信仰藏传佛教的藏族民居中建有佛堂或经堂，一般布置在多层碉房的顶层，位于灶房、居室之上，以示尊重。而在信仰南传佛教的傣族民居中，往往只在起居间的一角设一佛龛。汉族的大户人家中也有设置佛堂的，但是实例较少。

藏族的佛堂与其民族建筑装饰的特点是一致的。浓妆重彩，颜色鲜艳，供品丰富，多佛供养，有的还与室内壁柜、橱箱相结合，追求的美学效果是热烈、华美、刺激。相比之下，傣族的佛龛则比较简约。汉族民居的佛堂受儒家思想影响，艺术风格趋向庄重、典雅、对称布局。在佛堂的装饰风格中可看出民族审美爱好的差异。

图 9–27　山东栖霞牟氏庄园日新堂祖堂

图 9-28　福建漳浦诒安城赠公家庙祖龛

图 9-29　广东开平塘口镇自力村某宅祖龛

图 9-30　广东开平百合镇马降龙村民居内祖龛

图 9-31　福建永春湖塘村陈宅正厅祖龛

图 9-32　香港新界元朗锦田村清乐邓公祠祖龛

图 9-33　广东台山民居祖龛

图 9-34　江苏扬州汪氏小苑园墙上土地龛

图 9-35　山西榆次常家庄园体和堂影壁上土地龛

图 9-36　广东三水大旗头村郑宅墙壁上“天官赐福”砖刻

图 9-37　贵州罗甸八总村苗族民居内神龛

图 9-38　云南瑞丽喊撒村傣族民居内神龛

图 9-39　甘肃临潭多科村藏族民居门前的根扎神龛

图 9-40　河南巩义康百万庄园内的财神龛

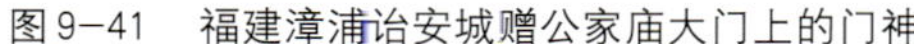
图 9-41　福建漳浦治安城赠公家庙大门上的门神

图 9-42　福建永定古竹乡五实楼按建筑风水要求塑制的兽面

图 9-43　青海同仁年都乎村藏族民居内的佛堂

图9—44　四川丹巴甲居寨藏族民居内的佛龛

图9—45　台湾宜兰黄举人宅内佛堂

四、崇信物

在上古时期，人们对不可捉摸的自然现象不理解，认为万物有灵，相信有一种超自然的力量在主宰世界，这就是鬼神信仰、包括山川、土地、风雨、雷电、飞禽、走兽、村寨、生命繁殖等各种内容的神灵、恶鬼。人们需要对它献祭或驱赶，才能获得保佑与平安。这种现象存在于世界各民族之中，遗留至现在。各民族的历史环境不同，其崇信物也不尽相同，在中国的少数民族地区也还存在这种崇信物。这些象征物不仅具有神秘图式，同时还带有不同的原始美学趣味，表现出手制的、粗糙的、怪异的、抽象的造型，提供了另类的美学欣赏点。

在少数民族村寨中，人们认为聚居地存在着保护神，他们为这些寨神都修建了一座标志物，称之为“社主”，或者“神桩”、“撒坛”等。它们大多是由插在地上的数根木桩组成，象征着男女的生殖器官，代表氏族的繁衍昌盛。有的在社主周围还立上幡杆，插上各种装饰物。有的村寨供奉不止一个神祇，往往建一座神仓建筑物，屋内设不同的神坛。

为了阻止恶鬼进入村寨，有些民族在寨外特意建造了一座象征性的寨门，是由两根立柱上穿一根横枋组成，再加上一些装饰物，如男女偶像、木刀等。门外设置两座丘状石堆，以备祭日插香祈祷。有的村寨每年建造一座新门，形成一个系列的寨门通道。

信仰佛教的藏族居民除了在寺院内进行的信仰活动以外，在村镇郊野或民居中常建有两种崇信物。一为玛尼堆，又称“六字明经堆”，即在一块石头上刻上佛教的“六字真言”，立于路旁。路人经过此处，要左旋绕堆一周，并抛一块石头与其上，日久则积成堆。还有的路人抛置刻有佛像或六字真言的石片。堆上还插有各式经幡，以为祈福。还有一种为经幡，即插有彩旗的立杆，旗上书写或印刷有一段经文，颜色鲜艳，随风飘扬。飘动的经文与旋转的转经筒一样，代表信徒对佛祖的供献，为自己积一份功德。经幡多插在民居的屋顶上、寺庙道路旁，以及附近山坡上。彩色的经幡组成藏族村镇持殊的风景线。

图 9–46　云南景洪曼景勐寨的社主

图 9–47　云南沧源南板寨佤族的神桩

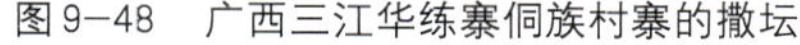

图 9–48 广西三江华练寨侗族村寨的撒坛

图 9–49 云南澜沧南段乡南段寨拉祜族的神桩

图 9–50 云南澜沧糯福乡巴卡乃寨拉祜族神屋（撒拉屋）内景

图 9-51 云南澜沧南段乡南段寨拉祜族的神屋

图 9-52 青海湟源日月山藏族信奉的玛尼堆

图 9-53 四川康定藏族村寨附近山上的经幡群

拾·家具陈设之美

家具与陈设是可移动之物，不是建筑物本身的构配件，是随住宅主人的爱好而经常更换的，应该不算作建筑装饰的范畴。但不能否认家具与陈设在构成建筑美学特别是室内空间的美学效果方面至关重要。

中国传统家具与中国建筑一样具有悠久的发展过程，积累了丰厚的历史印迹。唐代以前，人们在屋内席地而坐，家具是低矮型的。春秋战国时代，从出土文物可知卧床与坐榻已有了区别，还有放置食具的案、低矮的坐具——杌、及背倚、手倚的凭几等家具已经出现。汉代更出现了屏风、书写用的几案、藏物用的柜。汉末从北方传入了较高的坐具——胡床。两晋南北朝时期还出现了方凳、马扎等家具，但尚不普及。总的讲，这个时期的家具除了厨房中所用的肉案以外，其他皆是较低矮的，供席地坐卧时使用。

唐中期至五代这段时期，垂足而坐的风习已普及全国，是传统家具的一次革命。高型家具成为主流，方桌、长桌、长凳、圆凳、杌凳、腰圆凳、靠背椅、圈椅、扶手椅、带帐顶的围屏床等品种已十分成熟。估计此时衣柜、用品柜的体量亦已增大增高。

宋元时期高型家具已普及全国，席地坐卧的家具几乎绝迹。在家具构造上受当时成熟的建筑柱梁木构架的影响，更注重家具杆件的分布与交接关系，呈现出结构性的家具艺术风格，枨木及牙头（或牙板、牙条）的运用较普遍，至元代更出现了罗锅枨、霸王枨等构造做法。桌柜家具中的抽屉、柜门及箱子使用铜合页，为了更为坚固，在腿子下面加用托泥。在家具造型上更为考究，有的家具的面板部分做出束腰，腿子做成弯曲状，腿子料刻出垂直线脚等。

明代是传统家具发展的高潮时期，在工艺技巧及艺术风格方面都已十分成熟。而且从南洋进口的黄花梨木、紫檀木、铁栗木等硬木作为家具用材，使得杆件更为纤细、光洁，榫卯更为精巧，体现出朴素秀丽、比例恰当、简洁舒适的风格，并且使用圆形断面，弯曲状的杆件增多，充分表现出家具结构的美。在雕饰及小五金上亦精雕细刻。此时的家具品类，已可以明确分成椅凳、桌案、橱柜、床榻、台架、座屏等六大类，并且形成了室内家具成樘配套的概念。这种风格的家具一直延续到清代初年，现在习惯统称之为“明式家具”。

至清代乾隆年间家具设计又有了新的发展，其一在家具用材方面扩大了品种，珍贵的紫檀、黄花梨木的材源日渐稀少，而代之以红木、花梨木、鸡翅木、乌木等。民间多用柴木家具，即为中等硬度的木材家具，包括榆木、榉木、楠木、樟木、柞木、核桃木等，此外松木、柳木等硬度差的木材，也可用来做低档家具。各种材质具有不同的色泽及纹理，这样就提高了艺术表现力。其二，家具造型上不再受建筑大木构架形式的约束。明代家具盛行的侧脚、圆腿、上小下大的腿子收分及枨木、牙子等源于建筑构架的形式特征不再那么明显。大部分清代家具采用截面为矩形的直腿子，家具整体造型趋向方正平直，同时一部分家具脱离矩形体系，而采用圆形、多角形、梅花形、椭圆形等式样。由于平直体系家具的推广，使明式家具手感柔滑的曲线型扶手、背板及微弯的腿子等手法渐次少用，而改用折线形扶手、平直背板及直腿，进而发展成具有山字外形的背板，与明代以横搭脑杆件为构图基准的背椅完全不同。为改善平直家具的舒适性，椅凳类家具多加用坐垫、背垫、绣墩等饰品，这也增添了室内环境的多样性。其三，雕饰及艺术加工增多，汇集了雕、嵌、描、绘、堆漆等技艺，在贵族家庭的家具中这种现象几乎成为主流。用材增多增大，棂条组合装饰减少，而版片装饰大量运用。雕刻的题材十分广泛，多用浮雕、圆雕手法。镶嵌的手法很多，从螺钿到玉石、珐琅、金银铜嵌丝等皆有。髹漆的家具使用描金或彩绘。树根、奇石也用来做家具。其四，由于艺术追求的不同，出现了明确的地方流派，使家具的选择性增强，商品意义更为突出。尤其是大型民居中园林建筑的家具，其实用性与观赏性并重，为各种新奇家具的应用提供了场所。此外，清代还推广了折叠家具、拼装桌椅、摞叠家具，以及固定家具等不同品种。

总之，清代家具设计从结构观点转向了结构与美学并重的道路，即家具实用品增加了工艺美术品的意味，这点与清代建筑的发展是同步的。当然，这种趋向无节制的发展必然会造成伤本的现象，走上唯美主义的道路，繁琐堆砌的装饰伤害了家具的使用本质，走向了美学的反面。

中国民居中使用的传统家具可分为六大类：第一，为床榻类。包括架子床、拔步床、罗汉床、柜床、榻等。第二，为桌案类。包括方桌、长方桌、圆桌、二屉桌、条案、架几案、书案、画案、炕桌、炕案、琴桌、花几、茶几、炕几、凭几等。第三，为椅凳类。包括扶手椅、靠背椅、玫瑰式椅、圈椅、交椅、太师椅、方凳、圆凳、杌凳、腰圆凳、板凳、条凳、鼓墩等。第四，为箱柜类。包括橱、柜、顶竖柜、高格柜（炕柜）、被阁子、箱、躺箱等。第五，为屏风类。包括落地屏风（折叠屏风）、带座屏风、插屏、挂屏。第六，为架子类。包括衣架、巾架、盆架、书格、多宝格等。丰富的家具品类满足了人们生活中各方面的需求。

传统木质家具表现出极高的形式美感，在形体、质色及表面修饰方面皆有高超的工艺技巧。形体设计要稳健、圆润，杆件形式直曲兼备，刚柔相济。要充分显露材质的纹理及颜色，揭示材料的自然美态，尤其是硬木家具的表现更为突出。在表面修饰方面采用多种手段，如髹漆、戗金、雕刻、镶嵌等，使家具呈现出不同的格调。所以一件优秀的传统家具可以成为艺术品，被人们收藏玩赏。

从民居建筑内部摆设家具的美学角度考察，可以从三方面来探讨。即家具风格流派的选择、成樘家具的布置，和陈设品的选配。

一、 家具流派

清代乾隆时期是中国文化极为繁盛的时期，生活条件的改善使得家具制造业也进入了大发展的时期，全国出现了许多家具制作中心，并形成不同的艺术流派，为居民的选择提供了多方面的条件。大的制作地区为苏州、广州及北京。三个地区家具风格不同，称为“苏做”、“广做”、“京做”三个流派。“苏做”家具一般泛指苏南、长江下游一带生产的家具。在明代苏州即已成为硬木家具的制作中心，延至清代虽然继续有发展，但基本继承了明代家具的传统，造型简练，格调朴素，线条流畅，用料细瘦节俭，结构感较强，雕饰精而不繁，并多用插嵌饰件，其风格素有简、线、精、雅之美誉。后期在节省用料方面作出努力，多用贴料及薄板包镶做法，珍贵的硬木多用为面层。雕饰纹样多为山水、树林、缠枝花卉等。腿枨多用圆料，材料多为红木。晚期虽走向富丽趋势，但总体风格仍不失俊秀精巧之韵味。此外，苏州地区还擅长做文竹、斑竹、天然木家具，以及剔红、髹漆家具。

广州继起亦为硬木家具制作中心，称之为“广做”。广州为与南洋交往的主要进出口岸，得地利之便，其家具多用红木、紫檀等东南亚进口硬木制作。其家具风格厚重，用料宽大，不论构件弯曲度有多大，习惯用一木挖成，不用帮拼。色调沉暗，雕刻繁多，且多阴刻或减地雕，花纹高出板面达 5 毫米。整件家具多用一种木材制成，不掺其他材料。装饰题材受西方文化影响，多用花叶式牡丹花，叶形饱满、流畅、对称。家具造型的空透率小，还多嵌有大理石、象牙、珐琅等饰件，追求隆重的气派及豪华的装饰。“广做”家具多由地方官员进贡到禁城大内，供宫廷使用。由于皇室的提倡，“广做”家具亦流传至全国各地。

以北京为中心制作的家具称“京做”家具，它是吸取了“苏做”、“广做”的设计特色以后形成的。用料较广式要小，较苏式要实，外表更近于“苏做”，但不做包镶，用料纯正。装饰纹饰多吸取三代古铜器及汉代石刻纹样，夔龙、夔凤、拐子纹、螭纹、雷纹、蝉纹、勾卷纹皆用，显示出古色古香、文静典雅的艺术形象。“京做”家具除用硬木以外，也有用楠木、榆木制作的。

除上述三大派别以外，还有许多地方派别。如清末的上海亦为家具制作的大集散地，称为“海做”。多用红木，喜用大花及浓烈的红色，某些纹饰带有欧陆巴洛克家具的影响。扬州制作的家具称为“扬做”，其中的“周制”家具更负盛名。这种家具以镶嵌螺钿、玉石为特色，始创于明末，清中期大盛，对宫廷的家具、内檐装修、陈设小件设计的影响甚大。其他如宁波和福州的彩漆家具，江西的嵌竹、山东潍县的嵌金银家具，也都显赫一时。

家具流派的形成极大地扩充了使用者对家具的欣赏范围，有了更多的选择性。诸流派分别代表了不同的审美情趣。明代家具属于复古型，有收藏价值，传世甚少；“广做”家具属厚重型，气魄雄岸；“苏做”家具属轻快型，玲珑素雅；“京做”家具属富贵型，体态端庄；“扬做”家具属纤巧型，精工细做；“海做”家具属开放型，中西合璧；福州彩漆家具属华贵型，热烈奔放。清代可称是传统家具百花齐放的时代。总之不同审美情趣的用户有广阔的选择余地，选用什么风格的家具，全靠业主的艺术品味。

居住在西北、西南地区的兄弟民族由于生活习惯及经济条件的限制，住屋内的家具品类比较稀少，只有简单的箱橱、小凳等，其中藏族的家具比较丰富。藏居中家具主要有三种：卡垫床、小方桌和藏柜。卡垫为 85 厘米见方的毛毡垫子，厚约 10 厘米，中间有折线，可折叠，床下有卡垫托，坐卧兼用。两个卡垫可形成一张床，四个卡垫可形成一张双人床。卡垫还可半折起来，一半坐，一半靠，类似沙发。小方桌约 72 厘米见方，高 45 厘米，桌下亦可设柜门。半个小方桌可变成小长桌及床头柜。藏柜是上面掀开的闷箱柜，高 95 厘米，在藏居中算是高家具了。经堂内的佛柜最为考究，有雕刻及装饰。

图 10–1 江苏苏州拙政园内明式家具

图 10–2 江苏常熟翁同和故居内明式家具

图 10-3　江苏苏州沧浪亭内广式家具

图 10-4　江苏苏州网师园万卷堂内广式家具

图 10-5　江苏虎丘陈设的苏式家具

图 10-6　江苏苏州沧浪亭内苏式家具

图 10-7　江苏苏州网师园内近代家具

图 10-8　江苏苏州拙政园内近代家具

图 10-9　辽宁沈阳张作霖帅府内"周制"家具（镶蚌片）

图 10-10　辽宁沈阳张作霖帅府内"周制"家具（镶蚌片）

图 10-11　辽宁沈阳张作霖帅府内近代家具

图 10-12　辽宁沈阳赵一获故居近代家具

图 10-13　江苏苏州沧浪亭内树根家具

图 10-14　江苏苏州沧浪亭内树枨家具

图 10–15 浙江桐乡乌镇民居内雕花拔步床

图 10–16 四川大邑刘文彩庄园卧室内贴金大漆拔步床

图 10–17 西藏拉萨新民居内藏式贮物柜

图 10-18 新疆伊宁果园街 7 号维吾尔族民居内火炕

图 10-19 新疆伊宁维吾尔族民居内新式家具

图 10-20 西藏拉萨新民居内藏式卡垫床及柜桌

二、成樘家具

即建筑内家具组合应按统一的风格成樘配置，除了使用要求之外，亦显出居室的艺术氛围与秩序感。成樘家具应与房间的使用功能相契合，所以出现了厅堂、卧房、书房、花厅等不同的家具组合。厅堂多以后檐墙或隔墙为背景，置条案或架几案，案前八仙桌一张，左右配太师椅一对。厅堂两侧各配一茶几、两扶手椅。房间四角设花几。若为三间厅堂，则在东西次间山墙壁设平头案、半圆桌、方凳、圆凳等。南窗下置一茶几，两玫瑰椅。面积广阔的三间厅堂还可在大厅中央添置大圆桌，北墙下设平头案，以放置盆花或玩石。

祖堂的家具组合与厅堂类似，北壁设祖宗龛位或悬影像，龛前有条案、八仙桌，以置供品，桌前有拜垫或蒲团。不设太师椅。

卧室家具南北方不同。北方卧室多临南窗设火炕，炕上中间置炕桌，炕端置炕案或炕柜、被阁子。北墙置八仙桌、扶手椅一对；面积较小的卧室，北墙置连二橱、连三橱及靠背椅。侧墙置立柜、躺箱、四件箱、两件箱等，随意选置。南方卧室多在后墙设架子床，床侧设盆架、衣架、箱笼、落地屏风、马桶等。南窗下多置平头案及方凳等。

书房内家具布置比较自由，不作对称式布局。一般临窗设书案、书桌或画案、靠背椅等。依墙设博古架、书格、书柜、小条案、茶几、对椅、花几等。

花厅中间多设圆桌、绣墩一组，北墙设条案、八仙桌。也有的在北墙置一大型罗汉床，两侧置茶几一对。床上置炕案及坐垫。两侧配些椅凳。若为三间大型花厅，则两次间尚须配以博古架、条案、茶几、扶手椅、大座屏等家具。

近代以来，又有许多增添，如厅堂中出现沙发椅、软垫椅、大茶几；卧室中添置梳妆台；书房中增加办公桌等。时代变化，生活变化，日用器具亦变化。

图 10-21　浙江嘉善西塘种福堂西园养拙居正厅家具

成樘家具使宅内各房间产生整齐有序的美感，烘托出一定的观感氛围，特别是大户人家所需要的门第家风，往往从其配套成樘的家具布置上反映出来。

图 10–22　浙江东阳卢宅肃雍堂正厅家具

图 10–23　上海嘉定秋霞圃碧梧轩正厅家具

图 10-24　江苏常熟翁同和故居彩衣堂正厅家具

图 10-25　江苏苏州虎丘致爽阁客厅家具

图 10-26　江苏苏州狮子林燕誉堂鸳鸯厅家具

图 10–27　天津杨柳青石家大院卧房家具

图 10–28　青海循化街子乡撒拉族民居内火炕

图 10–29　山西襄汾丁村民居内火炕

图 10-30　江苏昆山周庄沈厅卧房内架子床

图 10-31　江苏吴县东山春在楼后楼绣房内近代家具

图 10-32　四川大邑刘文彩庄园卧房内近代家具

图 10-33　江苏苏州拙政园书房内家具

图 10-34　江苏苏州网师园书房内家具

图 10-35　江苏常熟翁同和故居晋阳书屋内家具

图 10-36　江苏苏州拙政园远香堂花厅内家具

图 10-37　山东曲阜孔府寿堂内家具

图 10-38　山西祁县乔家大院喜堂内家具

图 10–39 河南巩义康百万庄园客房内家具

图 10–40 江苏常熟翁同和故居客房内家具

三、陈设配置

陈设是富裕人家在室内摆放的装饰物，虽有一定使用功能，但基本上是供欣赏之用，以提高建筑室内空间的艺术品味。一般人家生活所使用的器物皆为实用之物，不属于陈设之列。民居建筑室内陈设具有十分丰富的内容，基本分为两大类：一为供观赏品味的小件艺术品，如古玩、字画、赏石、盆景、盆花等；二为具有一定使用价值的高档工艺品，如瓶、镜、炉、盘、屏、灯、架等。若按陈列部位可分为四种情况：

1. 墙上挂贴的陈设

有挂屏、挂镜、字画、贴络等。各类挂贴多成对、成套陈列，有对镜、四扇屏、八扇屏等。字画装裱亦有多项变化，最普遍的是中堂、条幅、斗方、横批，但乾隆时期又增加了合锦式，即将大小幅字画配合装裱在一起的一种组合字画。一般住宅堂屋后壁多悬中堂一幅，左右联对一副，是常用格局，而东西壁则以横披、对屏等不强调中轴的挂贴为宜。

2. 案几上陈列的文玩、用具

包括有条案上陈设的对瓶、帽筒、掸瓶、茶具、古董、瓷器、盆景、盆花，以及近世盛行的自鸣钟等；书案、画案上陈设的文房四宝用具，笔架、笔筒、砚、笺、墨盒、印盒、书匣、水洗、烛台、镇尺、香炉等；女眷卧房妆台上的镜架、妆奁、首饰盒；花厅上陈列的酒具、茶具、碗碟、果盘等物。凡陈设在几案上的物件多附有精美的硬木架座。在日常陈列中需经常变换位置，调换品种，以求新意，即李渔所称的“忌排偶，贵活变”之意。但在正厅后墙条案上的陈设有约定的摆法，即中间置文玩一座（后期有置自鸣钟的）、左右瓷瓶、插屏各一只，取平平安安之意；再左右置帽筒一对，为主客的帽托；还有的置掸瓶一只。

3. 地上陈列的用具

包括炉架、炉罩、围屏、插屏、帽架、书架、书匣、大果盘、放书画轴的瓷筒、瓷缸等，这些陈设品的设置是非常灵活的，增减随宜，随室内空间容积而定。

4. 顶棚上的悬挂物品

有灯具、幔帐等物。一般民居中多使用纸灯、纱灯、羊角灯，形状有团形、六角、八角、扇形、串灯、子母灯等多种，并加饰各种流苏、璎珞。小户人家灯具简略，仅用附壁的灯架，上搁油碗而已。清末开始使用电灯、汽灯、煤油灯，所以民间老式的灯具存留甚少。在浙江卢氏大宅尚保留着相当数量的传统灯具，难能可贵。

清代是陈设品发展的高峰，品种多，质量精。大量使用硬木制作的器物，色泽纹理明显，温润流畅，手感极佳；雕工细致，题材广泛。同时充分利用新的装饰材料，如玻璃、景泰蓝及镶嵌工艺，来增加陈设品的观赏性，使其个性更为突出。清代制作木质陈设品的木工成为专门的技术工种，称“小器作”，一直到民国初年才逐渐衰颓。此外陶瓷制品的器形、釉色、题款、图案亦有新意。同时玉器、竹雕、漆器、绣品装裱技术等亦在传统的基础上进一步提高了艺术质量。青铜器虽然从实用品中绝迹，但作为文物欣赏仍是文人墨客家庭的陈设重点。封建末期尚出现了玻璃制品及钟表等，亦加入了陈设品的行列。因大部分陈设品出自南方，故表现出纤秀、精细、柔媚的风格。追求技术难度及耗工费时的创作动机，往往掩盖了器物形式美的创作本意。

陈设品的配置在室内空间营造上有很多作用。因为建筑物及家具是固定物，不会经常变化，而陈设品可移动，可常常变更位置，而且陈设品是手工制作的单件工艺品，件件不同，各家使用的陈设品也各具特色，因此在创造室内空间独特风格方面，陈设品是必不可少的物件。同时陈设配置也是反映一个家庭的文化素养及艺术品味的直接见证。

图 10-41　江苏苏州网师园万卷堂内典型的瓶案陈设（平平安安寓意）

图 10-42　江苏苏州耦园正厅条幅、盆花陈设

图 10-43　山东曲阜孔府客厅钟、瓶、条幅陈设

图 10-44 江苏苏州狮子林厅内挂屏与盆花陈设

图 10-45 江苏淮安周恩来故居书房内条幅、盆花陈设

图 10-46 浙江东阳卢宅正厅节日悬挂的羊角珠灯

图 10-47 浙江东阳卢宅正厅节日悬挂的羊角珠灯

图 10-48　江苏苏州忠王府侧厅壁面四扇挂屏陈设

图 10-49　上海嘉定秋霞圃正厅侧壁书条与花窗间配

图 10-50　江苏苏州狮子林燕誉堂山墙挂屏与花窗间配

图 10-51　江苏常熟翁同和故居山墙设四扇画屏

图 10-52　山西祁县乔家大院 2 号院卧房内炕柜及画像

图 10-53　广东开平蚬冈镇锦江里瑞石楼内厅设六扇烧瓷挂屏

后 记

写作一本有关民居建筑美学书籍的想法，在脑中已酝酿很久了，但是迟迟未有动手，主要原因是有三点顾虑。首先一点就是自己对美学理论的认知浮浅。美学是一门年轻的学科，对它的研究起步较晚，在现有的已发表的论著中，存在不同的观点，短期内尚难统一。尤其关于建筑美学还牵涉艺术问题，更增加了研究的复杂性。因此若要探讨中国民居建筑的美观问题，必须要表明自己对美学的看法，建立一个系列的美学认知，由粗及细，由宏观进入微观，才能展开研究。这一点对我是有挑战性的，但又不能回避，即使观点不成熟也要谈出来，供大家参考评论。其次是建筑形式美的欣赏范围太广，审美的情趣各异，自己很难把握。尤其是民居建筑的地域性、民族性、社会性、时代性，使其建筑形式更为丰富多变，增宽了审美的范围。所以若要研讨这样博大的中国民居建筑美学问题，自己恐怕照顾不过来。事实也证明了这点，在本书稿中对民居建筑之美的各个方面，仅仅是点到而已，并没有深入地展开。再次是图片选取的困难。既然探讨建筑美观，其选用的图片最好是彩色的，构图及光影有一定水准的，也就是说艺术性较高的图片。但这个要求很困难。虽然以前去过许多地方进行调查拍照，但多属于收集资料的性质，不管天气好坏，时间早晚，随走随拍，无暇顾及构图，有时还带有人物。当时限于条件，绝大部分照片为黑白照片，而且曝光不准确。调查的民居对象经过整修而开放参观的仅为少数，大部分为农户居住，房屋破旧，环境杂乱，并未表现出原来民居建筑之美。所以选用图片的自由度受到局限。我尽了最大努力才从 2000 余张图片中精选出 900 张用于本书，很多还不是很满意的图片。

本书所采用的图片绝大部分是本人在参加各类专题研究，或参加民居会议过程中拍摄的。摄影水平有限，权当资料图片看待。行经的省份有山西、江苏、浙江、福建、安徽、江西、广东、湖南、云南、贵州、四川、青海、新疆、广西等地。自 2008 年专题开始启动以来，为了争取最好的成果，除了撰写文稿以外，又补充调查了部分地区。有晋中、晋东南、甘南、皖南、山东、太湖地区、邢台、沈阳、广州、开平、蔚县等地，新增了一些资料。本专题开展以来，得到研究所领导及同志们的大力支持，除本人所摄图片以外，还选用了少量所内同志过去所摄的专题照片，包括陈同滨、王力军、傅熹年、尚廓、张驭寰、韩嘉桐、袁必堃、黄传福等同志的成果。有关西藏林芝的图片是张树林女士所摄。此外，在已发行的出版物中亦引用了数帧图片，包括有《中国美术全集》、《中国古建筑大系》、《西藏古迹》、《汕头建筑》等书。在本书编辑过程中，韩淑兰同志不辞辛劳，为本书打印文稿。

在此书即将付梓之际，本人谨向支持此书的各位朋友致以诚挚的谢意。

孙大章

2010 年 5 月 20 日